経典、宗派、儀式、寺院、仏像…
「日本仏教」の真の姿が見えてくる――

日本人なら知っておきたい仏教

武光　誠
明治学院大学教授

KAWADE
夢新書

河出書房新社

カバーイラスト◉石丸千里
本文イラスト◉瀬川尚志
地図版作成◉新井トレス研究所

日本人なら知っておきたい仏教／もくじ

2章

●仏教の教えと経典の世界――

諸行無常、涅《ね》槃《はん》寂《じやく》静《じよう》…。人々を諭し、慈しむ愛のことば

3章

●輪廻転生の考え方と極楽浄土の世界――

極楽はどこか？・地獄とは何か？死後の風景から見えてくるもの

4章 仏教がアジアで発展し、受け継がれていった軌跡

●仏教の分裂と宗派の誕生――

5章 平安から鎌倉期に開花した「日本仏教」の開祖の教えとは

●仏教の日本伝来と各宗派の歩み――

6章 仏さまと日本人の意外な関係とは

如来、菩薩、天部、明王…。

●性格も様々な仏像たちのプロフィール――

7章 その約束ごとに込められた意味とは

礼拝、戒律、葬礼、供養…。

●仏教が生んだ、しきたりや文化の謎――

8章 坐禅、禅問答、精進料理…。世界が注目する「ZEN」の深さとは

●禅の思想と驚くべき効力――

9章 呪術、大日如来、曼荼羅《まんだら》…。その特異な世界観の謎とは

●神秘のベールに包まれた密教の世界――

仏教が私たちに教える「生きる道しるべ」とは

●仏教のわかりやすさ

仏教は、私たち日本人にとってきわめて身近な宗教である。日本人の大半は、仏式の葬儀を行なう。お寺参りもさかんである。浅草寺《せんそうじ》のような御利益《ごりやく》のある寺院は、多くの初詣客をあつめる。仏像を拝《おが》めば、どんな願いも叶うともいわれる。心のやさしい人は「仏様のようだ」といわれる。

このように、日本人の生活のなかにはきわめて多くの仏教的要素がみられるが、それだけでなく、仏教は世界的な広まりをもち、キリスト教、イスラム教とともに、世界三大宗教のひとつになっている。

現在、約三億八〇〇〇万人の仏教信徒がいるとされる。その数は、世界の人口の約六パーセントにあたる。なぜ仏教が、多様な民族の多くの人に広まったのだろうか。

その理由は、仏教の教えの中心となる部分が、だれにもうけ入れられる理解しやすいものであった点に求められるのではあるまいか。仏教が説く、「無常《むじょう》」「中道《ちゅうどう》」「慈悲《じひ》」といった考えは、だれもが日常生活のなかで感じる概念であるからだ。

●〝人間中心〟の宗教

仏教は、すべてのものがうつろいゆく無常の運命にあると説く。花はいずれ散り、若く元気だった者も、やがて年老いて亡くなる。そうであるなら、私たちはどうあるべきかとの問いかけが仏教の教えの入り口である。

つぎに仏教は、すべてのものがうつろいゆく運命にあることを知ったならば、かたよった考えを捨てて中道を行けと教える。権力や財力のある者は、かたよった考えから弱い者いじめをしがちだ。しかし、無常を知れば、自分が地位も財産も失う日がくるかもしれないという考えにいたる。

そうなったときに、自分が権力者や金持ちにつらい目にあわされるかもしれない。こう考えると、地位の低い者や金のない者を見下して、かれらにつらく当たることはできなくなる。

無常を知り中道の生き方をとろうと志すようになった者は、何をすべきであろうか。仏教は、中道を知ったならば、慈悲の心をもって生きよと教える。

旨《うま》いものが食べたい。よい服を着たい。美しい異性とすごしたい。高い地位について名を残したい。こういった欲望は、すべてかたよった心から生じたものだ。そして、不必要な欲望にとらわれることのなくなった人間は、他人から感謝されたときにみられる、穢《けが》れのない笑顔に出会うことを無上の喜びと感じるようになる。

このような感謝は、慈悲の心をもって行動することによって得られるものだ。仏教の根本には、こういった、人と人との助けあいを大切にする人間中心の発想がある。

●仏教の多様な広まり

仏教をひらいた釈尊《しやくそん》は、自分があれこれ悩みつつ生きた体験のなかから「無常」「中道」「慈悲」といった考えを重んじるようになった。そして釈尊の教えが、だれにもうけ入れられるわかりやすいものであったために、仏教が急速に広まった。

しかし釈尊の没後、年月がたち仏教徒の数がふえるにつれて、仏教がさまざまなものに枝分かれしていった。インドでつくられた仏教をうけ入れたインド以外の民族が、仏教を当地の民族宗教と融合させていた例もある。また、新たな宗派を起こした高僧が釈尊の教えをふまえた独自の信仰の体系をつくり出した例もあった。

ゆえに現在では、同じ仏教でふたつの宗派の互いの主張がぶつかりあう例までみられるようになった。そうであっても、どの宗派もその教えの底の部分に、釈尊の説いた「慈悲」の考えがある。

●日本文化の発展への貢献

仏教の広まりとともに、アジアのさまざまな民族の文化が各地に広まっていったことを見落としてはならない。

仏教とともにインドの学問が中国に入った。そして、中国にあつまった多様な文化が僧侶の手で日本にもちこまれた。

古代日本の寺院は、学問の中心地であった。そこでは仏教のほかに、暦《こよみ》、数学などの実用的な知識が学ばれた。中世（鎌倉時代—室町時代）以後の寺院の広まりによって、寺院は地方の庶民《しょみん》に中央の先進文化を広める場となり、庶民の教育機関ともなった。

枯山水《かれさんすい》の庭園、茶道、華道などの日本の伝統文化は、中世の禅寺《ぜんでら》でつくられた。近代以前の日本の文化は、寺院を中心に発展してきたといってよい。

●仏教の時間の観念

仏教には、時の流れがあらゆるものを「中道」になおしていくとする考えがある。権力者の悪政も、時がたてば忘れられる。栄華を誇った金持ちも、いずれ滅びる。歴史とは大河のようなものである。その流れの途中にさまざまな穢れたものがあっても、やがて清められて大きな海に流れこんでいくと、仏教は教える。

長い目で歴史をみれば、人間の小さな悪業などはつまらぬものにすぎない。この考えをもつとき、私たちは目先の損得や怒りにとらわれず毎日をすごせるようになるのではあるまいか。こういった大きな気持ちで生きるために、本書を通して仏教について知ってほしい。

仏教の歴史❶（仏教誕生とアジアへの広まり）

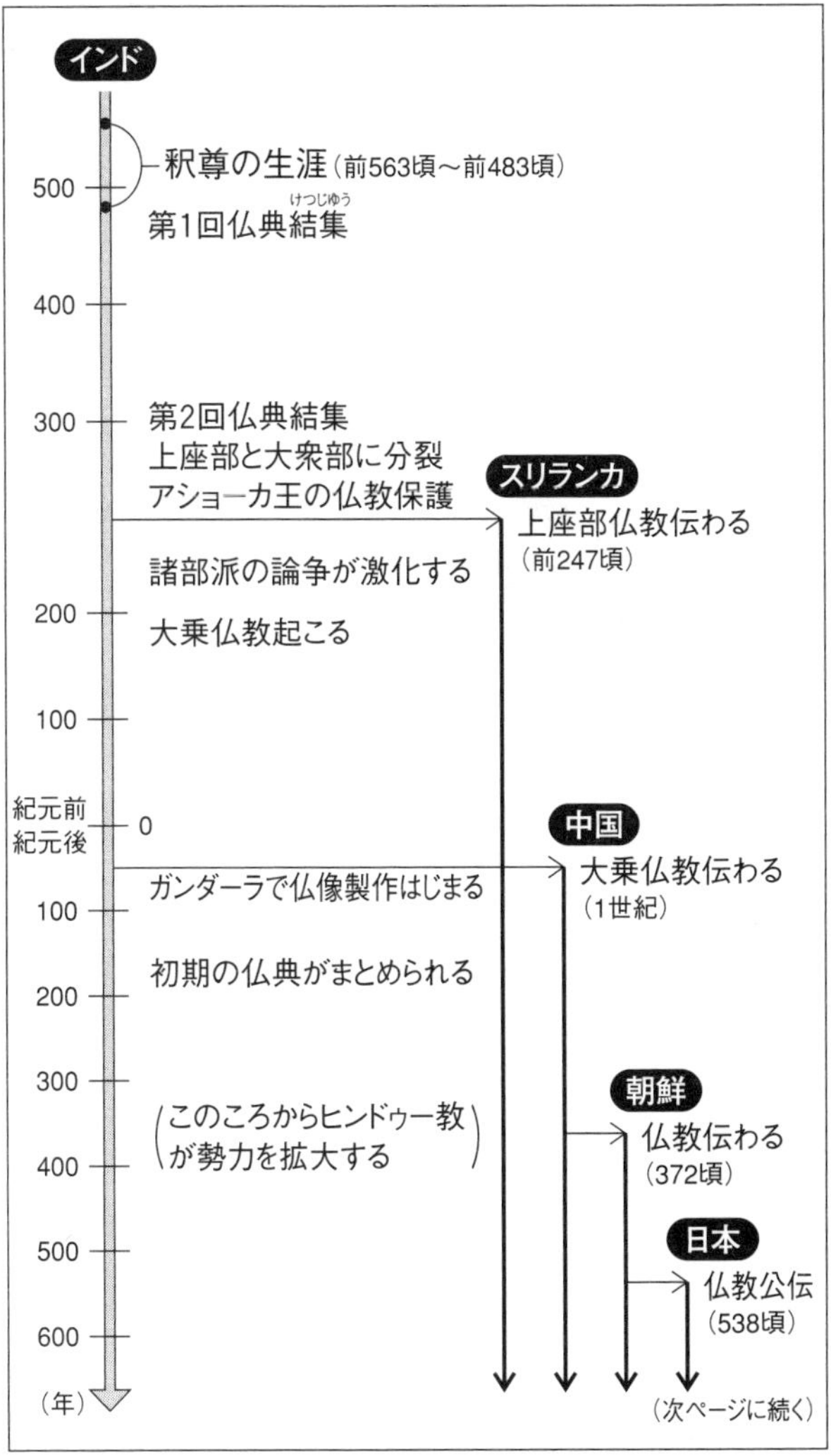

仏教の歴史❷（日本仏教の発展）

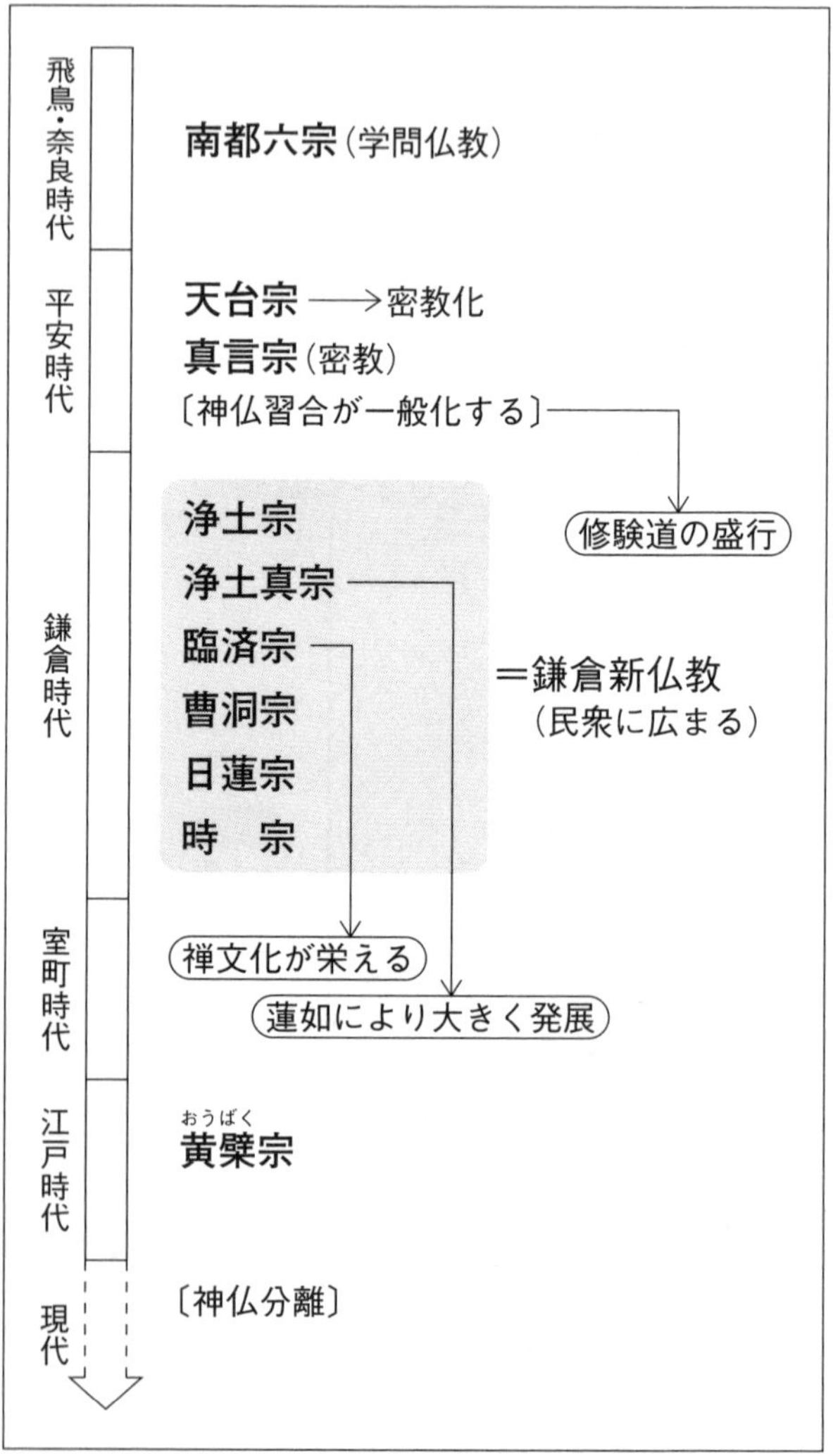

1章

●仏教の開祖「釈尊」の悟りとその生涯――

シャカ族の王子は、なぜ地位を捨て、どのように教えを説いたか

釈尊の生まれた時代のインド

●アーリア人のインド侵入

日本の寺院で釈迦如来《しゃかにょらい》の仏像としてまつられている釈尊《しゃくそん》は、紀元前六―五世紀のインドにまちがいなく実在した人物である。釈尊の生没年についてはいくつかの説があるが、そのなかでももっとも確かなものによると、かれは紀元前五六三年に生まれ、紀元前四八三年に没したとつたえられている。

釈尊の本名は、ゴータマ＝シッダールタである。そして、かれはふつうは「仏陀《ぶつだ》」や「釈迦牟尼《むに》」「釈尊」の尊称でよばれる。シッダールタがシャカ族の王子であったために、「シャカ」の呼び方がつくられたのである。

釈尊は、人間平等の考えのうえにたつ愛（慈悲）の教えを説いたが、かれがひらいた仏教は、カーストとよばれる厳密な階級制度のうえにたつインド文化のなかでは異端《いたん》とよぶべきものであった。

カースト制度をつくったアーリア人たちは、古代インドに学問を重んじる風潮《ふうちょう》をつくり

アーリア人のインド侵入の経路

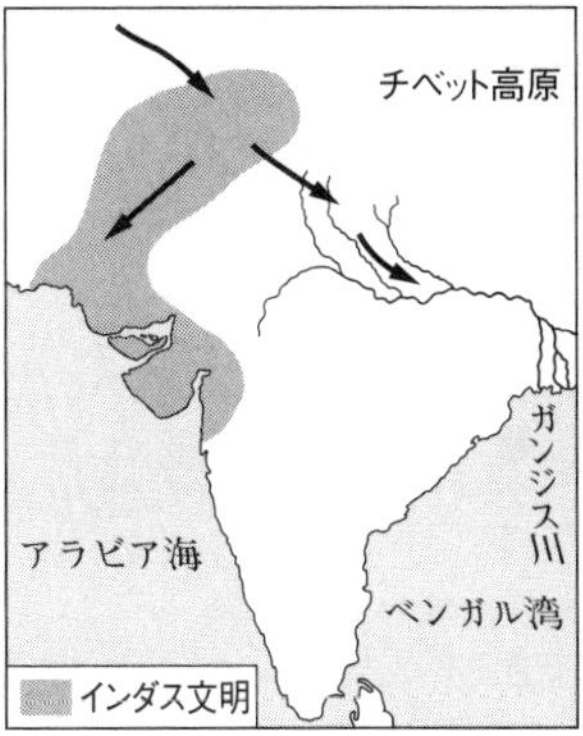

カースト制度

アーリア人	バラモン	司祭（社会の最上位）
	クシャトリア	王族・武士（政治・軍事を担当）
	ヴァイシャ	庶民（農牧業・商業に従事）
先住民	シュードラ	奉公人（召仕・職人）

出した。この風潮が仏教誕生につながるのである。ゆえに、古代インドの特殊性を知ることなしに、仏教は理解できない。

紀元前一五〇〇年ごろに白人（コーカソイド、インド・ヨーロッパ語族）のアーリア人が、中央アジアからイラン高原を経てインドに侵入した。このことをきっかけにインド特有の学問が発展していった。

●ウパニシャッド哲学の発展

アーリア人は、インダス文明をつくっていた先住民を征服して、かれらを最下級のカーストであるシュードラに位置づけて支配した。それとともに、アーリア人の間にもバラモン、クシャトリア、ヴァイシャの階級分けがなされた。

カースト間の差別は固定され、異なるカーストの者との通婚は禁じられた。

梵我一如の論理

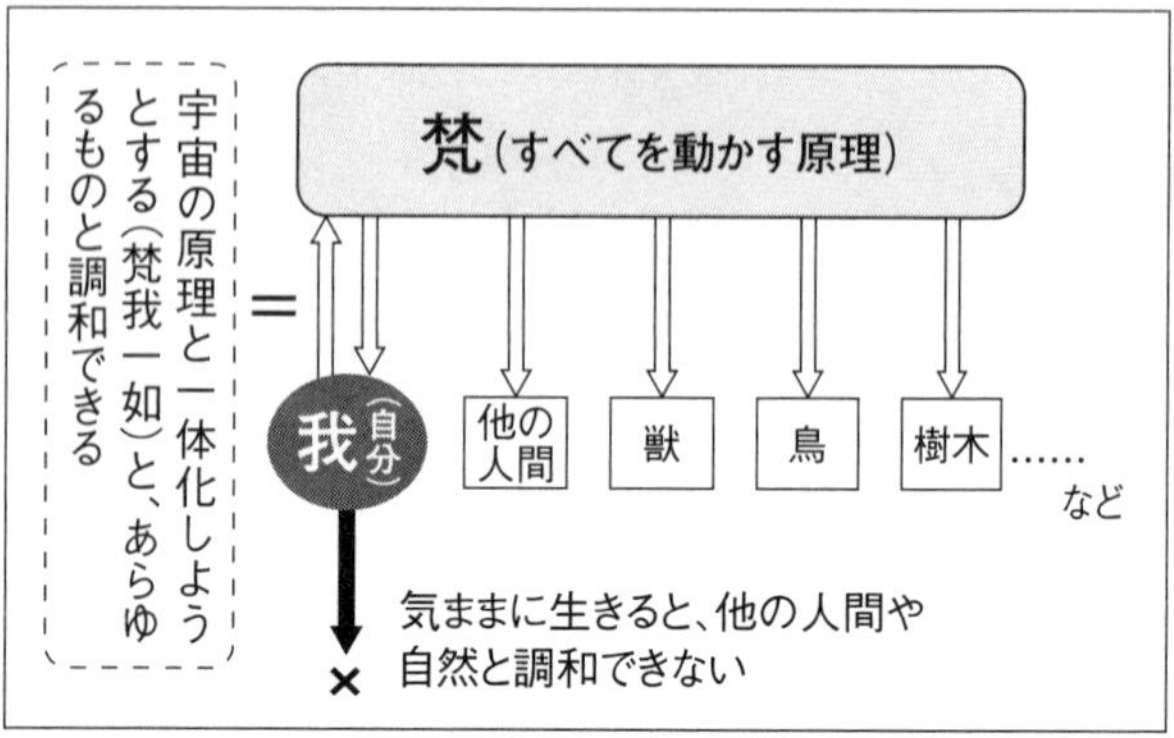

支配階級であるバラモンは、自己の権威を高めるために複雑な儀礼をつくり上げた。これをバラモン教という。バラモン教はしだいに形式化していったが、学問に専念するバラモンたちは占星術《せんせいじゅつ》と結びついたかたちの天文学や、医術、生活に必要な多様な技術などを発展させていった。

かれらは、それとともに、内面の思索《しさく》を重視するウパニシャッド哲学をつくり上げた。そこでは、宇宙の根源ブラフマン（梵《ぼん》）と個人の根源アートマン（我《が》）とを同一視すること（梵我一如《ぼんがいちにょ》）により精神の自由が得られるとする考えが説かれている。

この発想は、仏教にとり入れられ多くの仏典に書かれることになった。

●バラモン教への批判

インドの人びとは、長い期間にわたってバラモンの教えのままに神々の意志に従ってすごすべきだと考えて生きてきた。しかし、紀元前七世紀から紀元前六世紀にかけての時期に、クシャトリアの勢力が急成長した。

クシャトリアは、もとは、バラモンの言いつけに従って軍事や政務に従事する下役人であった。しかし、かれらはやがてガンジス川流域に王国をつくり、バラモンをしのぐ権力をもつようになった。

すると、クシャトリアの間から、

「バラモンの教えは抽象的でわかりにくい」「バラモンの仕事は実生活に役に立たない」

といった批判が出されるようになった。このような声に答えるかたちで、釈尊が新たな教団を起こしたのである。

では、その釈尊とは、どのような出自の人物であっただろうか。

釈尊の生い立ち

●ネパールにあったシャカ族の国

釈尊が生まれた時代の北インドでは、多くの国が並び立って勢力争いをしていた。そう

マガダ国とコーサラ国

いったもののなかで、マガダ国とコーサラ国が有力であった。

釈尊の生まれた国は、インドではなく現在のネパールにあった。ふつう釈尊は、インド人だと考えられているが、厳密にいえば、かれはネパール人である。ただしかれが、インドのガンジス川流域で布教したために、ふつうは「仏教はインドの宗教である」と考えられている。

シャカ族（シャーキャ族）の国は、ネパールの南方の国境近くのタラーイ盆地にあった。その国名をカピラヴァストゥ（迦毘羅衛《かびらえ》）という。この国は愛知県程度の広さで、まわりを「一六大国」とよばれる国に囲まれていた。

そのため、シャカ族の国は周囲の国々との戦いに疲れきっていた。そしてシャカ族の国は、のちにコーサラ国に併合された。さらにシャカの晩年に、コーサラ国がマガダ国に滅ぼされた。マガダ国は、古代インド一六大国とよばれた国々やその他の小国をすべてあわせてガンジス川流域を統一したのである。

●仙人の〝ブッダ誕生〟の予言

釈尊は、その後まもなく滅亡することになるシャカ族の国の王家の長男として誕生した。かれの生母のマーヤ妃は、釈尊が生まれた七日後に亡くなったとつたえられている。このことによって釈尊がのちに、無常観（すべてのものがうつろいゆき、やがて亡くなるという考え）をもつようになったとされる。

釈尊の誕生のときに、仙人のアシタが王子の人相をみて将来の予言をした話がある。かれは、

「この人は無上の人であり、人間の最上の人です」

といって涙を流した。王族の人びとが涙のわけをたずねると、仙人はこう語った。

「王子は悟《さと》りを得て仏陀（悟りをひらいて人びとを救う者）になりますが、私の命はもう長くないので仏陀に出会えないことを嘆《なげ》いていたのです」

しかし、釈尊の父シュードーダナ（浄飯王《じょうぼんのう》）は王子の出家を望まず、かれに自国を強くする立派な王になってほしいと考えた。

●釈尊の三人の妻

釈尊は王子として何不自由なく育った。かれの母の妹マハー＝リプラジャーパティ（摩耶《まや》

夫人《ぶにん》）が慈愛をもって釈尊を養育したという。この女性は、姉とともにシュードーダナ王に嫁いできたといわれる。彼女はのちに釈尊に従って、世界最初の尼《あま》になっている。

父王は釈尊に、春の宮殿、夏の宮殿、冬の宮殿の三つの別荘を与えた。さらに息子のために、美しい妻を探してきた。

釈尊は一六歳で母方の従姉妹ヤショーダラー妃を妻にむかえた。ついで一七歳のときに、最愛の妃となる貴族の娘ゴーバー妃を妻にした。彼女はたいそう美しく、細かい心づかいをもって釈尊の面倒をみた。ついで、貴族出身のマノーラター妃が、王子の妻になった。

このなかで身分の高いヤショーダラー妃が、釈尊の正妻として扱われた。三人の妻に囲まれて贅沢《ぜいたく》に生活できる釈尊は、幸福そうにみえた。しかし、次項に述べるように、かれはすすんで王子の地位を捨てて苦行僧《くぎょう》になるのである。

出家を決意した釈尊

●悩みにとらわれた王子

バラモン教の広まりによって、インドの知識層は日常的に人生の意味をあれこれ考えるようになっていったとされる。このような古代インドの哲学は、ギリシャ哲学や儒教と同じく人間の行為の意味や人の心のありかたに主な関心を向ける人間中心の学問であったと評価できる。

それは、万事をヤハウェの意志で説明しようとするユダヤ教、キリスト教や、アラーがすべてを決定するというイスラム教とは異なる性質をもつ。仏教には、ユダヤ教、キリスト教、イスラム教にみられる創造主はない。

釈尊は思いをめぐらすうちに、つぎのような問題に行き当たったとされる。

・凡人は、自分も老いていくのに、老衰した他人を見て悩み、恥じ、嫌悪《けんお》する。
・凡人は、自分も病《や》むものなのに、病んでいる他人を見て悩み、恥じ、嫌悪する。
・凡人は、自分も死ぬものなのに、死んだ他人を見て悩み、恥じ、嫌悪する。

このことを知った釈尊は、若々しくて健康な自分の生活を無意味なものと考えはじめたのである。

●「四門出遊」の物語

釈尊があげた三つの問いかけは、人間だれもがさけることのできないものである。そのゆえ釈尊は、人として生きる意味を知るために出家した。仏典は、そのような太子《たいし》の心の動きをつぎのような「四門出遊《しもんしゅつゆう》」の物語にしている。

「釈尊が宮殿の東西南北の四つの門から出かけたときに、さまざまな者に出会った。東の門の外では老人を、南の門の外で病人を、西の門の外で死人をみたのだ。これによってかれは、老・病・死の苦しみを知った。

そのあと北門の外で出家修行者に会った。かれは、貧しかったが穏《おだ》やかで満ち足りた表情をしていた。それをみた釈尊は、出家して生・老・病・死の問題を考えようと決心した」

釈尊は二九歳のときに、王子の地位を投げ出し黄褐《おうかつ》色《しょく》の衣をつけて旅立った。つぎに記すように、かれはまず苦行によって悟りを得ようとした。

釈尊略年表

年齢	出来事
0歳	ルンビニーにて誕生 生まれてすぐ7歩歩き、「天上天下唯我独尊」と言う
16歳	ヤショーダラーと結婚する
17歳	ゴーバーと結婚する
？歳	マノーラターと結婚する
29歳	出家を決意し、苦行に入る
35歳	苦行をやめる ブッダガヤーで悟りをひらき伝道を開始 ベナレス郊外のサルナート（鹿野苑）で最初の説法を行なう 教団（サンガ）の成立 カッサパ三兄弟が弟子入りする 女性の出家を認める
80歳	紀元前483年頃、クシナガラの沙羅双樹の下で入滅

師匠を求めて旅立つ

●バラモン教の聖地ベナレス

釈尊は、夜になってひそかに馭者《ぎょしゃ》をつれて城を抜け出した。愛馬のカンタカに乗って、国境をめざしたのだ。

夜通し馬を南方に走らせたかれは、明け方に国境を越えた。そこで馬と馭者を城に帰して、釈尊は徒歩で東南に向かった。

ガンジス川の中流域にあるベナレスは、当時バラモン教の聖地として栄えていた。そのためそこには、各地から高名な宗教家があつまっていた。釈尊はまずベナレスの地をめざし、そこですぐれた師匠に出会いたいと考えたのだ。

インド人は古くから、ベナレスの地で遺体を火葬し、その灰をガンジス川に流してもらうと、死後の幸福が得られると考えてきた。

この習俗は一世紀ごろにバラモン教にもとづいて発生し、ヒンドゥー教にもうけつがれて、現在にまでつづいている。

●二人の師匠の教え

筆者は昭和五八年（一九八三）にベナレスの地を訪れた。そのときみた、美しい花に囲まれた遺体を乗せた乗り物に従う人びとの、何かを悟ったような明るい表情は忘れられない。そこには、日本の葬式の湿っぽさはない。ヒンドゥー教徒は、生死を超越した境地で生きているのだろう。

釈尊はベナレスや、マガダ国の首都ラージャグリハ（王舎城《おうしやじよう》）をめぐる修行の旅をした。このときかれに大きな影響を与えた二人の仙人がいた。

一人目のアーラー仙は、一〇四年間の修行（古い時代なので年数の数え方に誤りがあるのだろう）したのちに、「無処有処定《むしよゆうしよじよう》」の境地に達した人物だとつたえられる。「無処有処定」は、徹底した執着をもたない生き方をすすめるもので、この考えは仏教にもとり入れられた。

もう一人のウッダカ仙は、「非想非非想処定《ひそうひひそうしよじよう》」を説いていた。それは、一切の思いを否定した「無念無想」の境地にいたることをすすめるものである。この「無念無想」の考えは、仏教にうけつがれたのちに、日本の剣術にも影響を与えた。しかし、次項に記すように、釈尊は二人の仙人の教えを超えるものをつくろうと苦行に打ちこむことになる。

苦行の日々

●苛烈な苦行の内容とは

釈尊は、はじめにアーラー仙、ついでウッダカ仙について「無処有処定」と「悲想非非想処定」の境地を身につけた。しかし、それだけではまだ人びとを救う教えとして不充分だと考えた。そこで、修行のためにセーナーニ村のそばの森に向かった。その森は、ガンジス川の支流のひとつナイランジャナー（尼連禅河《にれんぜんが》）という白砂の美しい川のそばにあった。釈尊はその静かな森のなかで、ひとりで苦行を行ない悟りにいたろうと考えたのだ。

かれは、六年にわたってさまざまな苦行をした。長時間の坐禅《ざぜん》や断食《だんじき》をくり返し、ときには限界まで呼吸を止めたり、体の中心線を意識しつつ片足で立ちつづけたり（ヨガで行なう体のゆがみをとるための「木のポーズ」にあたる）もした。

●釈尊を救った歌

しかし、釈尊自身の思想は深化しても、人びとを救うための「悟り」は得られない。そういったときに、断食中のかれの耳にナイランジャナー川沿いの道を通るセーナーニ村の農民の調子はずれの歌が聞こえてきた。

「琵琶《びわ》の弦《つる》。

きりりと締めれば、ぷつりと切れる。

さりとてゆるめりゃ、べろんべろんよ」

これは当時のはやり歌のひとつであったが、それを聞いた釈尊は、次項に記すような大きなひらめきを得た。

中道思想にいたった釈尊

●「中道」の重要さを知る

釈尊は、「きりりと締めれば、ぷつりと切れる」という言葉を聞いて、自分の体を痛めつける断食の無意味さを知った。立派な人間になろうと苦行をつづけて体をこわすことと、よい音を出そうと琵琶の弦を締めすぎて弦を切ってしまうことの愚《おろ》かさとは共通する。

しかし、自分が王子として贅沢な暮らしをつづけていたならば、わがままな気持ちがあふれて心がゆるみ、忍耐力をなくしてしまう。そのことは、「べろんべろん」という音しか出せない弦のゆるんだ琵琶のような人間になることを意味する。

「私はふつうの修行者をはるかにしのぐ苦行と、王子としての幸福な生活とをともに体験したことによって、はじめて『中道』の大切さを知ることができた」

こう考えたとき、釈尊の表情が一変した。それまでの苦行者独特の、世界じゅうの罪や苦しみをひとりで背負ったような厳しい顔をしていたかれが、すべてのものを温かくうけ入れるやさしいまなざしをもつようになったのだ。

●釈尊像の目が語るもの

中道思想をもった釈尊の目は、私たちがまつる釈尊像の目に近いものではなかったろうか。それは、私たちにこう語りかけている。

「私だって、あるときは一方にかたよった生活をとり、あるときは他方に偏《へん》した生活をしたのちに『中道』に行き着いた。だから迷いによってまわりの者から『悪』とされるふるまいをしている者も、いつかは悟りを得て『中道』をみつけることができる。だれもが最後は『中道』に行き着くのだ」

法隆寺・釈迦三尊像より（毎日新聞社提供）

すぐれた仏師（仏像の作者）は、このような釈尊の教えを人びとに理解させるために仏を刻むのである。次項で記すように、人びとをありのままにうけ入れようと考えた釈尊は、かれらを救う教義をまとめようとした。

悟りへの転機

●村娘スジャータの好意

「中道」の考えにいたった釈尊のもとに、セーナーニ村のスジャータという娘が修行者への布施《ふせ》として乳粥《ちちがゆ》（ヨーグルトのようなもの）をもってきた。古代インドでは、修行者は労働をせず信者たちの施《ほどこ》し物によって生活せねばならないとされていた。

筆者がインドを旅行したときにも、庶民がヒンドゥー教の聖職者に食べ物や金銭を与えるさまを日常的にみかけた。

釈尊はスジャータにもらった乳粥を口にしたとき、

「いままで、これほど旨いものを食べたことはない」

と感じた。王子だったころに出された高級食材を使った宮廷の料理人の料理よりはるかにすばらしかった。

●「人間の心を救う」学問をつくる

釈尊は、娘がくれた乳粥に無償の愛を感じたのではあるまいか。これをきっかけに、かれはこう考えた。

「これまでの修行は、自分の達成感を満足させるためだけのものではなかったろうか。そんな学問には何の値打ちもない。自分の知識を人びとの役に立てることによって、はじめて学問が価値をもつのではないか」

そのため釈尊は、ナイランジャナー川で水浴し、伸びた髪の毛とひげを剃《そ》って身を清め、心の悩みを救う教えを人びとに広めていこうとする決心をかたちにした。

歴史上名を残したすぐれた学者の生涯をみると、ここに記したような釈尊の心の軌跡《きせき》に似た経験をたどった者の多いことに気づく。若いころ、大学の講義に出ずに自己流の研究にふけり、「変人」とよばれた物理学者アインシュタインは、中年以後は熱心に平和運動などの社会的活動に取り組んだ。身なりに構わず数学に打ちこみ、長靴で大学に行くなどして「奇人」とよばれた岡潔《おかきよし》は、晩年に教育に高い関心をもち、『日本の心』などのすぐれた教育論を発表した。かれらはひとりだけの世界にこもって学問を深めた時期を経たのちに、自《みずか》らの学問を世の中のために役立てる生き方をとっているのだ。

師匠に習ったものをそのまま用いるだけでは、新しいものは生み出せない。しかし、学問にふけるあまり人と人とのつながりの大切さを忘れてしまう者もいる。

苦行のかたちで独自の学問にいたった釈尊は、つぎに述べるようなかたちで布教をはじめる。

釈尊の教団の発展

●ついに悟りをひらく

釈尊が苦行をしていたとき、かれを尊敬して見守っていた五人の修行者がいた。しかし、その五人は釈尊が断食の最中に乳粥を食べたのをみて失望した。

釈尊が苦行に耐えきれなかったとみたかれらは、その場を去っていった。このあと、釈尊はひとりでブッダガヤー（仏陀伽耶）の樹の下で瞑想《めいそう》に入り、悟りを得て仏陀《ぶっだ》になったとつたえられる。このときかれは自分がもつ「中道」の考えを、人びとに広めていくための教義をつくり上げたのだ。

ここでいう「仏陀」とは、「人間の悩みや迷いを離れた、安らかでこだわりのない自由な精神の持ち主」をさす。ブッダガヤーの樹はのちに、釈尊が悟りを得たことにちなんで、菩提（ボーディ、正しい悟り）の樹、つまり菩提樹《ぼだいじゅ》とよばれるようになった。現在でも、樹木が少なく赤茶けたインドの平原のあちこちに、遠くからでも目標となる菩提樹の巨木が立っている。

釈尊は悟りを得たのちに、四五年間にわたって各地をめぐって布教を行なった。

●初めての説法を行なう

釈尊はまず、かつてともに苦行を行なった五人の修行者を訪れた。セーナーニ村の近くにいた釈尊のもとを去ったかれらは、ベナレスの近くのサルナート（鹿野苑《ろくやおん》）で修行していた。

釈尊は五人に、熱心に自ら得た真理を説いた。すると、かれらは一人、また一人とその考えに賛同していき、釈尊の最初の弟子になった。このはじめての説法は、「初転法輪《しょてんほうりん》」とよばれる。

ついで、ヤサという富豪の息子が釈尊の六人目の弟子になった。このため、ヤサの一族が釈尊の伝道の資産援助をするようになった。さらに、一〇〇〇人の信者をもつ火神《かしん》をまつる教団の指導者カッサパ三兄弟も、釈尊に従った。このようにして、釈尊の新たな教えは、腐敗したバラモン教に代わる心の拠《よ》りどころを求めるクシャトリアの間に瞬《また》く間に広がっていった。

やがてマガダ国のビンビサーラ王も、釈尊の後援者となり自国の首都郊外の竹林を教団に提供した。ここは竹林精舎《ちくりんしょうじゃ》とよばれた。また、コーサラ国の富豪スダッタの後援で、祇園精舎《ぎおんしょうじゃ》という布教の拠点もつくられた。この「祇園精舎」の名称は、「祇園精舎の鐘《かね》の音、諸行無常《しょぎょうむじょう》（すべてのものはいずれ滅びる運命にある）の響きあり」という『平家物語』の冒頭の部分によって日本人によく知られている。

並はずれた知恵をもつ釈尊であっても、つぎに述べるように「諸行無常」のさだめからは逃れられなかった。

釈尊の入滅

●クシナガラへの旅

釈尊がひらいた教団は、順調に発展していった。釈尊のまわりには多くの出家の修行者

釈尊が歩いた道

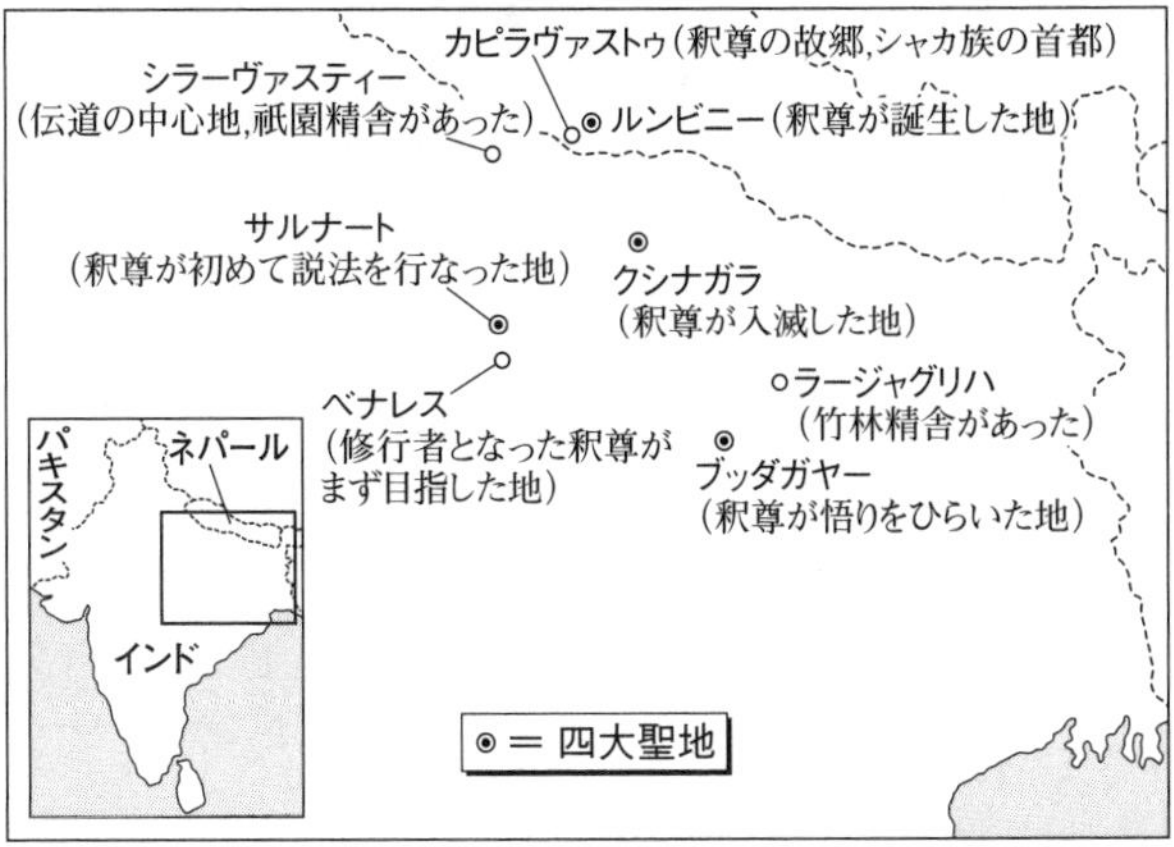

があつまり、かれらの指導者となる「十大弟子」とよばれる高弟《こうてい》も育っていった。

在家《ざいけ》（ふつうに仕事につきながら信仰をもつこと）の信者もふえていった。このままではクシャトリア全体が仏教徒になり、これまで勝手な支配を行なってきたバラモンと対決し、かれらを滅ぼしてしまいそうな情勢である。

しかし、慈悲を説く釈尊は、バラモンと協調していくことをすすめた。そのため、高度な学問をもつバラモンで仏教徒になる者もおり、かれらの手でバラモン教の知識や技術が仏教の教団にもちこまれることになった。

やがて八〇歳になった釈尊は、自分の死期が近いことを知り、クシナガラの地で最期をむかえることを望んだ。そのため、弟子の阿難《あなん》（アーナンダー）ひとりだけをともないクシナガラへの旅に出た。

●最後の教え

釈尊はクシナガラで、沙羅双樹《さらそうじゅ》（二本のサーラの樹）を選び、その間に床を設けさせて北側に頭をおき右側を下にして寝た。阿難の知らせによって、多くの信者が釈尊のまわりにあつまってきた。

そのとき、スパッダという修行者が釈尊に会って「道について」質問したいと願い出た。弟子たちはその申し出を断ろうとしたが、重病のなかにあった釈尊は快くスパッダの求めに応じ、かれとあれこれ語った。

このことがあった夜に、釈尊は亡くなったという。釈尊のことを尊んで、かれの死は「入滅《にゅうめつ》」とよばれている。最期まで人びとの心を救おうとつとめた釈尊であったが、かれは弟子たちにこう言い残したという。

「修行者たちよ、お別れに告げる。諸行は無常である。怠《おこた》りなく努力せよ」

次章ではこの釈尊の教えや、それを記した経典について記そう。

2章

●仏教の教えと経典の世界——

諸行無常、涅槃《ねはん》寂静《じゃくじょう》…。人々を諭し、慈しむ愛のことば

仏教の柔軟性

●多様な宗派を生み出す

現在、キリスト教、イスラム教、仏教の三者が、「世界三大宗教」とよばれている。それらは、多くの民族にうけ入れられた世界宗教とよぶべきものである。

しかし、万事を創造神であるヤハウェやアラーの意志で説明するキリスト教とイスラム教の教義がきわめて明確であるのに対し、仏教の教義はつかみづらい。これは、仏教が創造主中心ではなく、人間中心の考えをとることからくるものだ。一人一人の信者が、仏の教えについて独自の考えを打ち出せる。そのなかには互いに相矛盾《あいむじゅん》する主張をしているものもみられる。しかも、釈尊がひらいた仏教は、アジアのさまざまな民族に広がり、その独自の宗教と混ざりあってきわめて多様な宗教をつくり出したのである。

キリスト教やイスラム教の分派間の対立は、宗教の核となる創造主のあり方についての部分の解釈のちがいからくるものである。だから分派間の論争も可能である。しかし、日本の仏教徒とタイの仏教徒とが話しあっても、互いに相手の信仰を理解できない。

日本人が縄文時代以来うけついできた神々（精霊）をまつる信仰である神道《しんとう》が理解できなければ、日本仏教を知ることはできない。同じように、タイの精霊崇拝（ピーの信仰）に入りこめねば、タイの仏教の本質をつかめない。

●仏教の本質とは

特定の宗派の仏教もしくは自国の仏教だけをいくら勉強しても、仏教の本質にふれられない。仏教の特性をつかむには、まず仏典の記す釈尊の思想にふれねばならないのだ。

これをつかめば、個々の民族や一つ一つの宗派が仏典を自己流に解釈してきたありさまがわかってくる。

世界の多くの国に広まった現代の仏教のすべてを詳細につかむのは難しいだろう。しかし、仏教の基礎知識として次項から記すような釈尊の考えだけは知っておきたい。

釈尊の最初の説法

●涅槃にいたるみち

前（33ページ）に記した「初転法輪《しょてんほうりん》」とよばれる最初の説教のなかで、釈尊は五人の修行者に中道思想と「四聖諦《ししょうたい》」について語った。

かれは、極端な快楽主義も、その反対の行きすぎた苦行も、いずれも無益で卑《いや》しいものだとした。そして、その両者にかたよらないところに真実の聖なる道をみつけるべきであるという。

これをつかんだ者は、永遠の心の安らぎを得られる。仏教用語ではそのような安らぎを「涅槃《ねはん》」という。

さらに、釈尊はこういう。中道主義とは、相反するものの中ほどといった安易なものではない。それは、どこにあるのかわからない、自分で迷いながら探さねばならないものである。

そのようにしてつかんだ中道を実践するためには、「八正道《はっしょうどう》」とよばれる八つの聖なる方法にもとづく八つの行為を積む必要がある。そして八正道にもとづく正しいふるまいをして中道をつらぬくのはきわめて難しいと釈尊はいう。

●迷いにとらわれない方法

さらに釈尊は、こう説いた。中道を妨《さまた》げるものに人間のもって生まれた迷いがある。それは、苦諦《くたい》、集諦《しったい》、滅諦《めったい》、道諦《どうたい》からなる、四聖諦《ししょうたい》という考え方をとって克服していかねばならない。

人生が苦しみに満ちていることを悟ることが苦諦であり、その苦しみに原因があることを知るのが集諦である。そして、苦しみのもとの執着を捨てることが滅諦で、すべての執

八正道

正《しょう》見《けん》	正しいものの見方をすること
正《しょう》思《し》惟《い》	正しい認識をもつこと
正《しょう》語《ご》	正しい言葉を用いること
正《しょう》業《ごう》	正しい行為を行なうこと
正《しょう》命《みょう》	正しい生活を営むこと
正《しょう》精《しょう》進《じん》	正しい努力をすること
正《しょう》念《ねん》	正しい反省をすること
正《しょう》定《じょう》	正しい精神統一を行なうこと

四聖諦

苦《く》諦《たい》	人生に四苦八苦「生・老・病・死・愛別離苦（あいべつりく）・怨憎会苦（おんぞうえく）・求不得苦（ぐふとっく）・五蘊盛苦（ごうんしょうく）」があることを悟ること
集《しっ》諦《たい》	人生苦にも必ず原因があることを悟ること
滅《めっ》諦《たい》	苦の原因が人の心の持ち方にあることがわかった段階で、渇愛を捨て去り、執着を断ち切ること
道《どう》諦《たい》	苦を滅するには、正しい道を歩むことが重要だということを悟ること

着のない正しい道を歩むことが道諦である。

釈尊は、修行を積んで道諦にいたることによって中道主義を実現できるとする。実際に道諦の境地にまでいたるのは容易ではあるまいが、ここにあげた「中道」と「四聖諦」についてて理解できれば、仏教の根本をつかめる。

つぎに、人びとの迷いのもとである煩悩《ぼんのう》についての仏教の考えを記そう。

人間を悩ます煩悩

●悟りを妨げる三つの煩悩

釈尊は、人間は悟りを妨げる多くの煩悩にとらわれる弱いものであると考えた。煩悩の数は一〇八とも八万四〇〇〇ともいわれているが、それらは、つぎの三つの心のかたよりから生じるとされる。

「貪欲《とんよく》」「瞋恚《しんに》」「愚痴《ぐち》」

飽くことなき欲望、怒り、ものの道理を知ろうとしない愚かさ。この三つが人間の心をくもらせて、正しい判断を妨げるというのだ。ここの「愚痴」とは、不平をしつこく言い

三つの煩悩

貪欲《とんよく》	むさぼること。満足することを知らず、際限なく欲求を拡大させる
瞋恚《しんに》	怒ること。冷静な判断ができなくなり、まわりの人間がすべて敵に思えてくる
愚痴《ぐち》	ものの道理を知ろうとしないこと。正しいふるまいをすれば損をすると思い、自分の利益につながる知識だけつめこんで自分は賢いと思い上がる

たてる「愚痴をいう」の「ぐち」とはちがう。

欲にとりつかれた人間は、他人を踏みつけにして利益を得ようとする。怒りにとらわれて誰彼かまわずそれをぶつけると、人の和を乱す。正しい道理を学ぼうとしない者は、知らないうちにあやまちを犯す。

●空の白雲のような境地へ

釈尊は、煩悩にとらわれた者たちが多くの罪を犯してきたことを知ったうえで、かれらに温かい目を注いだ。

「煩悩にとりつかれた人間を罰したり、見放してはならない。自分の心の中に煩悩があることを、気づかせるだけでよい。それを知ることが、煩悩にうちかって人びとを思いやる知恵を身につける第一歩だからだ」

すべての人生を肯定するこのような発想が、仏教の慈悲である。

ここで読者の方には各自のまわりにいるさまざまな人間について思い起こしてほしい。そうすると、確かに世の中には「欲の深い者」「怒りっぽい者」「知識をひけらかす者」がいることがわかる。

しかし、そういった短所をもつ者にも、必ず愛すべき面があるはずだ。

たいそうけちで自分の作品に高い値段をつける職人がいるが、かれは仕事に誇りをもっていて寸分《すんぶん》のくるいもない仕事をする。こういった例は多いはずだ。

その反面、欲がなく穏やかで控《ひか》えめな者もいる。かれの生き方は仏の心に近い。しかし、煩悩をもつ者でも、それと向かいあい、しずめていくことによって、人間は「美しい空の白雲《しらくも》」のようなきれいな心になることができる。

美しい白雲は、何ものにもとらわれず、定まらず、色をもたないが、地上の人間からみれば明らかに超然として存在している。この白雲のように、かたよった私心をもたずに、それをみるまわりの者を温かい気持ちにさせる生き方を心がけることが、仏教の理想とされるのである。

つぎに、煩悩をおさめるための修行についてみていこう。

仏教における修行の方法

●自分の中の「仏性」をみつける

釈尊の教えは、並はずれた力をもつ創造主とでもよぶべき「仏様」がいて、それが人びとを救ってくれると主張するものではなかった。かれは、自らの知恵と修行によって個人の悟りにいたることを重んじた。

しかし、仏教は日本に入ったのちに仏を拝んで現世利益《げんせりやく》(この世であれこれ得をすること)を願うものに変わっていった。お寺にお参りして、

「病気がよくなりますように」

「よい縁談がきますように」

などと祈る日本人は多い。

しかし釈尊は、だれもが心の中に仏性《ぶっしょう》をもっており、それを見出《みいだ》した者が「仏陀」とよばれる悟りを得た者になると教えていた。

つまり、釈尊ひとりだけが仏陀なのではない。かれの教えに従ってきれいな心で生きる

ことができた人間は、すべて仏陀になるのだ。

漢字で「仏陀」と書かれたサンスクリット語の「ブッダ」は、「目覚めた人」をあらわす言葉である。

つまり、仏陀と慕《した》われた釈尊は自らの修行によって目覚めた人間なのである。かれは、ヤハウェの命令によってキリスト教を起こしたイエスや、アラーの啓示《けいじ》をうけてイスラム教をひらいたムハンマドのような、特別に選ばれた人間ではないのだ。

●「三法印」が悟りに導く

仏教では、つぎの三法印《さんぽういん》の手順を踏んで修行を積んでいくことをすすめている。
諸行無常《しょぎょうむじょう》→諸法無我《しょほうむが》→涅槃寂静《ねはんじゃくじょう》
まず、すべては変わっていくものだとする「諸行無常」というこの世を動かす原理を知る。そうすると、限られた生命しかもたない弱い自分が多くのものによって支えられて生きている「諸法無我」の理屈がみえてくる。
それがわかれば、すべてのこだわりを捨てて他者のために尽くす生き方をしようとする「悟り」に達して、静かで穏やかな「涅槃寂静」「涅槃」「安心立命《あんじんりゅうめい》」などとよばれる境地で生涯をおくることになる。

言葉にすれば簡単そうに思えるが、このような教えを実感するのはなかなか容易なことでない。

そこで、僧侶は坐禅《ざぜん》を組んで公案《こうあん》（師匠に与えられた問題）を考えてみたり、山野をかけめぐって真言《しんごん》（密教の呪文）を唱えてみたりして、心を鍛え、悟りを得ようとするのである。

つぎに、涅槃の境地にいたった者の生き方についてみていこう。

三法印

諸《しよ》行《ぎよう》無《む》常《じよう》

現実のあらゆる行ないや形あるものは、つねに流動・変化しつづけ、一瞬といえども同じところにとどまるものではないという真理

↓

諸《しよ》法《ほう》無《む》我《が》

すべてのものは、因縁によって生じたのであって、他人や多くの自然物がいてこそ自分がいるという真理

↓

涅《ね》槃《はん》寂《じやく》静《じよう》

一切の煩悩から離れて、迷いや苦しみのない心の状態

布施と供養の意味

●悟りに近づくために

釈尊は、修行によって悟りにいたった人間は、この世が「空《くう》」であるという真理に行き着いた者であるという。

「空《くう》」の概念を知った人間は、生きるの死ぬのといった問題をはじめとするすべての執着をはなれて、自然のあるがままに生きていくとされる。

鎌倉時代の高僧、道元《どうげん》のつぎの和歌がある。

「春は花、夏ほとときす秋は月、冬雪さえてすずしかりける」

悟りにいたった者は、春の桜、夏のほととぎす、秋の月といった季節のうつろいに深い感動をおぼえるようになり、冬の雪の寒ささえ快くなるというのだ。

この境地にいたるのは容易ではあるまいが、常人は、悟りに近づくためには執着にとらわれないふるまいをするように心がけるとよいと仏教は説く。人間の最大の執着は、金銭に対する執着である。そのため仏教徒は、僧侶や寺院に対する布施《ふせ》をすすめられることになる。

●布施に対して法施を与えられる

信者が僧侶に金銭や品物を与えることを「布施」という。僧侶は布施で得たものによって生活している。

この布施に関して、仏教は布施を行なった者はそれに見合っただけの「法施《ほうせ》」をもらうとする考えをとる。

僧侶が布施を行なった者の幸福を願って、読経《どきょう》などの仏事を行なえば、それが法施になる。しかし、そのような見返りがなされなくても、布施を行なった者の善行に対する感謝の気持ちが僧侶の心に生じたはずだ。これも法施である。そして、布施を行なった者が僧侶に施《ほどこ》しをすることによって仏の教えにふれるきっかけを得ることも法施となる。

仏教では、仏事を行なって仏や死者をまつり僧侶に物を配る供養《くよう》によっても、徳を積むことができるとする。この考えから現代では、亡くなった人に対する追善供養がひろく行なわれている。寺院を建立《こんりゅう》したり、仏像をつくらせることも、大きな見返りを得られる供養だとされる。

このような布施や供養による善行の結果がめぐって幸運を招くことを期待することを、

「回向《えこう》」という。回向を求めて、信者が布施や供養を行なってきたことによって、仏教の教団は今日までつづくことになったのである。

次項から、仏典についての解説に入ろう。

釈尊の教えをうけつぐ人びと

●口伝でうけつがれた釈尊の教え

釈尊が入滅したのちに、大《だい》迦葉《かしょう》（マハーカーシャパ）や阿《あ》難《なん》（アーナンダー）らの高弟が、仏教の教団の運営にあたった。かれらは、自分が聞いた釈尊の教えを信者につたえていた。

しかし、かれらの記憶に各自の勝手な解釈が加わっていき、釈尊の直《じき》弟子たちの意見にずれが生じてきた。そのため、第一回仏典結集《けつじゅう》が行なわれたといわれる。

これは、長老の大迦葉のよびかけにもとづいて、五〇〇人のアルハト（阿《あ》羅《ら》漢《かん》）とよばれる高弟によって行なわれたものである。当時、聖者の境地に達していると認められた高僧が、「アルハト」の尊称でよばれていた。

仏典結集の歴史

●紀元前483年頃……釈尊入滅（それから10〜20年後にラージャグリハで第１回仏典結集）

●紀元前300年頃……ヴァイシャーリーで第２回仏典結集

●紀元前240年頃……アショーカ王により第３回仏典結集

（※釈尊入滅の100年後に第２回仏典結集、200年後に第３回仏典結集が行なわれたという伝えもある）

このとき仏典の原形がつくられたが、その時代には文字で書かれたお経はなかった。第一回仏典結集は、弟子たちが釈尊の教えを読み唱えて、教えについての記憶を確認するものであった。そして、このとき統一された釈尊の教えの言葉が、長期にわたって口伝えされていくことになった。

●仏典結集とマウリヤ朝の成立

第一回仏典結集につづいて、紀元前三〇〇年ごろに七〇〇人の高僧があつまって第二回仏典結集を行なったとつたえられている。

その少し前にあたる紀元前三一七年に、ガンジス川流域にチャンドラグプタという有力な王があらわれマウリヤ朝を起こした。このマウリヤ朝はインドの大部分を征服した、最初の南アジア世界（インド）の統一王朝とよぶべきものであった。

マウリヤ朝

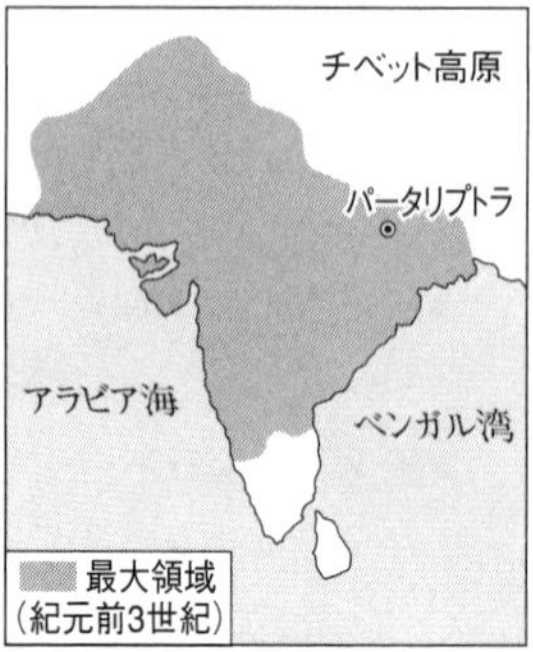

マウリヤ朝の支配のもとで、王家をささえるクシャトリア（官僚、軍人）層の勢力が大きく拡大した。

そして、それにともなって、クシャトリア層を支持者とする仏教教団が発展し、仏典の教えが知識層に広まっていった。

次項では、このマウリヤ朝のアショーカ王の仏教興隆《こうりゅう》について記そう。

仏教の興隆

●アショーカ王の仏教保護

仏教の広まるなかで、紀元前二六八年に熱心な仏教徒であるアショーカ王（阿育王）が王位についた。かれは自ら仏跡をめぐってストゥーパ（仏塔）を建立するとともに、仏典結集を援助した。

これによって紀元前二四〇年ごろに、一〇〇〇人の高僧をあつめた第三回仏典結集が行なわれた。仏教の基本は、このときに確立したとされる。しかし、その後も仏典は口伝《くでん》でつたわるかたちをとった。

それが文字化されるのは、二世紀ごろからである。

●ウパニシャッド哲学と仏典

釈尊は、いく人もの師匠から教わったウパニシャッド哲学にたつバラモン教の考えをもとに、独自の考えを加えて仏教をあみ出した。

さらに仏典結集に参加した僧侶のなかには、バラモン教が生み出したウパニシャッド哲学に通じた者がかなりいた。

古代南アジア世界のあらゆる学問は、ウパニシャッド哲学の論理によって組み立てられていた。その意味で、あらゆる仏典は広い意味ではウパニシャッド哲学の成果の一部をなすものだとする評価も可能である。

しかも、前（18ページ）に記したような「梵我一如《ぼんがいちによ》」の思想をはじめとする多くのバラモン教の思考が、仏教にとり入れられている。仏教とバラモン教とは切り離せない関係にある。

そして、現在インドで広く信仰されているヒンドゥー教は、バラモン教から発展した点において仏教と兄弟関係にある。日本や中国でも、ウパニシャッド哲学の流れをひく仏教が寺院から民間に広められた。

この意味で、インド、中国、日本を中心とするアジア諸国の文化は、その底にウパニシャッド哲学をふまえた点において、互いに近い関係にあるといえる。次項から、ウパニシャッド哲学と日本とを結びつけた仏典の内容についてみていこう。

お経の成立

●さまざまある経典の種類

二世紀ごろから、きわめて多数の仏教の経典がつくられていった。個々の経典の成立がきわめて古い時代であるために、現在ではそれらがつくられたいきさつを正確につかめない。

数ある経典のなかの大乗《だいじょう》仏典とよばれる一群と上座部《じょうざぶ》（小乗《しょうじょう》）仏典とよばれる一群の内容とは、かなり異なっていた。

両者の考えのちがいについては後（81〜85ページ）で詳しく述べるが、大乗仏典は人び

仏典の種類

	初期（2世紀頃）	中期（3〜4世紀頃）	後期（7世紀頃）
大乗仏典	般若経《はんにゃきょう》	解深密教《げじんみつきょう》	大日経《だいにちきょう》（密教経典）
	維摩経《ゆいまきょう》	入楞伽経《にゅうりょうがきょう》	金剛頂経《こんごうちょうきょう》（密教経典）
	華厳経《けごんきょう》	勝鬘経《しょうまんきょう》	理趣経《りしゅきょう》（密教経典）
	法華経《ほけきょう》	涅槃経《ねはんきょう》	
	無量寿経《むりょうじゅきょう》（浄土三部経）		
	阿弥陀経《あみだきょう》（浄土三部経）		
	観無量寿経《かんむりょうじゅきょう》（浄土三部経）		
上座部仏典	パーリ語経典		
	阿含経《あごんきょう》		
	四分律《しぶんりつ》		

とを救う菩薩《ぼさつ》になることを重んじ、上座部仏典は個人の悟りをすすめるものであった。

そして、上の図に記すように、まず『般若経《はんにゃきょう》』などが古い時期に書かれ、『解深密教《げじんみつきょう》』などがそれに次ぎ、比較的新しい時期に『大日経《だいにちきょう》』などが成立したとされる。

●お経の全集『大蔵経』

仏教の基本的な経典全体をさす「大《だい》蔵経《ぞうきょう》」という言葉がある。それは、数多くつくられた経典をまとめて目録をつけて集成したものをさす。

古代インドでは、さまざまな学者が思い思いのかたちで釈尊の教えを記した。

そのことによって、もとはひとつであった釈尊の考えが、いくつもの相矛盾《あいむじゅん》する「仏の教え」になった。

自分のお気に入りの経典だけを学ぶ僧侶も多かったが、それとは別にとりあえずあるだけの仏典を集めておこうという考えから「大蔵経」がつくられたのだ。

中国ではインドの原典を中国語訳した『漢訳大蔵経』が編《あ》まれ、チベットではチベット語の『チベット大蔵経』がまとめられた。

日本でもいくつかの「大蔵経」がつくられたが、その最大のものが『大正新脩大蔵経《たいしょうしんしゅうだいぞうきょう》』である。

これは、大正一三年から昭和九年にかけて(一九二四―三四)刊行された、「大正蔵《たいしょうぞう》」の通称でよばれるものである。そこには約三〇〇〇種の経典が収録され、その巻数は一万数千巻におよんでいる。

一生かけても読みきれない量であるが、「大正蔵」を所蔵する寺院も多い。仏教哲学に通じるには長期にわたる勉学が必要だが、「仏教の心」を知るには、次項にあげる簡潔な経典『般若心経《はんにゃしんぎょう》』を理解するだけで充分だともいわれている。

大乗経典の根本『般若心経』

●「空」の思想を説く

二世紀のインドで、仏教の基本を「空《くう》」におく経典がつぎつぎにつくられた。これが、「大乗経典」である。大乗経典は中国につたわり、そこから各地に広がったことによって「北伝大蔵経」ともよばれる。

「空」の思想を記す経典を代表するものが、『般若経《はんにゃきょう》』であり、「大乗仏典は、般若にはじまり般若におわる」といわれる。

そして六〇〇巻という膨大《ぼうだい》な『般若経』の要点をわずか二六二字（最後の般若心経の字を入れると二六六字）にまとめたのが、『般若心経』の通称でよばれる『般若波羅密多心経《はんにゃはらみったしんぎょう》』である（59ページ参照）。

●すべてのこだわりを捨てよ

『般若心経』は、釈尊の十大弟子のひとり舎利子《しゃりし》（シャーリプトラ）に対する観世音菩薩（観《かん》自在菩薩《じざいぼさつ》）の語りかけのかたちで記されたものである。

菩薩は、すべての物質は「空」であるから、執着する心を捨てて「空」の境地にいたるように教える。生きること、老いること、病《や》むこと、死ぬことといった苦しみにこだわらないだけではなく、悟ったことにすらこだわるな。自分が「空」になることによって、はじめて真実がみえてくると菩薩はいうのである。

仏教の究極の目的は、すべての欲や執着をはなれて自由になり慈悲の心をもって生きるみちをつかむことにある。

それゆえ『般若心経』の、

「色即是空《しきそくぜくう》、空即是色《くうそくぜしき》（あらゆる物は空であり、空が物に他ならない）」

という言葉を理解すれば、仏性《ぶつしよう》を身につけられるといわれる。

このように、『般若心経』は深遠な真理を記したものであろうが、各自の立場によってそれをいかようにも解釈できる。それゆえ、『般若心経』は多くの宗派で重んじられたが、特定の宗派と結びつくことはなかった。

次項では、それと異なる性格の、つよい個性をもって特定の宗派の拠りどころとなった経典について紹介しておこう。

『般若心経』全文

仏説摩訶般若波羅蜜多心経《ぶっせつまかはんにゃはらみったしんぎょう》

唐三蔵法師玄奘《とうさんぞうほうしげんじょう》訳

観自在菩薩《かんじざいぼさつ》　行深般若波羅蜜多時《ぎょうじんはんにゃはらみったじ》　照見五蘊皆空《しょうけんごうんかいくう》　度一切苦厄《どいっさいくやく》　舎利子《しゃりし》　色不異空《しきふいくう》

空不異色《くうふいしき》　色即是空《しきそくぜくう》　空即是色《くうそくぜしき》　受想行識《じゅそうぎょうしき》　亦復如是《やくぶにょぜ》　舎利子《しゃりし》　是諸法空相《ぜしょほうくうそう》　不生不滅《ふしょうふめつ》

不垢不浄《ふくふじょう》　不増不減《ふぞうふげん》　是故空中無色《ぜこくうちゅうむしき》　無受想行識《むじゅそうぎょうしき》　無眼耳鼻舌身意《むげんにびぜっしんい》　無色声香味触法《むしきしょうこうみそくほう》

無眼界乃至無意識界《むげんかいないしむいしきかい》　無無明《むむみょう》　亦無無明尽《やくむむみょうじん》　乃至無老死《ないしむろうし》　亦無老死尽《やくむろうしじん》　無苦集滅道《むくしゅうめつどう》

無智亦無得《むちやくむとく》　以無所得故《いむしょとくこ》　菩提薩埵《ぼだいさった》　依般若波羅蜜多故《えはんにゃはらみったこ》　心無罣礙《しんむけいげ》　無罣礙故《むけいげこ》　無有恐怖《むうくふ》

遠離一切顛倒夢想《おんりいっさいてんどうむそう》　究竟涅槃《くうぎょうねはん》　三世諸仏《さんぜしょぶつ》　依般若波羅蜜多故《えはんにゃはらみったこ》　得阿耨多羅三藐三菩提《とくあのくたらさんみゃくさんぼだい》

故知般若波羅蜜多《こちはんにゃはらみった》　是大神呪《ぜだいじんしゅ》　是大明呪《ぜだいみょうしゅ》　是無上呪《ぜむじょうしゅ》　是無等等呪《ぜむとうどうしゅ》　能除一切苦《のうじょいっさいく》

真実不虚《しんじつふこ》　故説般若波羅蜜多呪《こせつはんにゃはらみったしゅ》　即説呪曰《そくせつしゅわつ》　羯諦羯諦《ぎゃていぎゃてい》　波羅羯諦《はらぎゃてい》　波羅僧羯諦《はらそうぎゃてい》

菩提薩婆訶《ぼじそわか》　（般若心経《はんにゃしんぎょう》）

密教経典と浄土教経典

●『大日経』と『金剛頂経』

密教《みつきよう》とは「秘密仏教」を略したものである。それは教理を文字によって教えることのできる顕教《けんきよう》と異なり、呪文《じゆもん》、印契《いんげい》（印）、曼荼羅《まんだら》といった文章ではあらわせない秘儀を直接、師匠から弟子に伝えていく仏教をあらわす。密教については後（九章）で詳しく記すことにする。

この密教の拠りどころになったのが、『大日経《だいにちきよう》』と『金剛頂経《こんごうちようきよう》』である。前者が密教の知恵の部分である教理を成立させ、後者が密教の実践の部分である修法《しゆほう》の根拠となった。

密教経典は、僧侶が修行を積むことによって大日如来《だいにちによらい》という仏に等しい能力を得て、自然の流れを思いのままに操れるようになると主張するものである。それらの成立時期は、新しい。

『大日経』は七世紀ごろにつくられた。また『金剛頂経』も、それらができた前後にまとめられた複数の経典をあわせて編成されたものとされる。ゆえに密教経典のなかには、釈

浄土三部経

『無量寿経《むりようじゆきよう》』（『大経』）	阿弥陀仏が迷いに満ちた衆生を救うために48の願を起こしたことと、その本願が叶うとともに、すべてのものが極楽往生できると説く
『阿弥陀経《あみだきよう》』（『小経』）	釈尊が多くの弟子に阿弥陀仏の住む極楽浄土のすばらしさを教え、そこに生まれるためにはどうすればよいかを語ったと記す
『観無量寿経《かんむりようじゆきよう》』（『観経』）	極楽浄土を観察するための16の観法と、それによる救いを記す

尊以後につくられた新しい考えがかなり入りこんでいるとみるのがよい。密教経典は平安時代はじめに空海によって日本に紹介されるが、その内容はきわめて難解である。

●浄土思想と浄土三部経

浄土教経典は、阿弥陀仏の治める極楽浄土《ごくらくじようど》の信仰を説くものである。人間が死後に一切の悩みから解放されて、美しい国で幸福にすごせるという発想は、インドに古くからあった。

これがバラモン教のなかにうけつがれ、さらに仏教の浄土思想になっていった。早い時期に成立した仏教の経典のなかに、浄土思想にふれたものもある。しかし、浄土思想が前に記した『般若経』の空《くう》の思想のように初期の仏教の重要な部分を構成していたわけではない。

それゆえ、浄土思想はいくつもの経典のなかに断片的に記されるかたちをとる。そして、浄土思想について比較的ていねいにふれたものに、つぎの三点の経典がある。

『無量寿経《むりょうじゅきょう》』『阿弥陀経《あみだきょう》』『観無量寿経《かんむりょうじゅきょう》』

中国で浄土思想が流行したのちに、これらを「浄土三部経」とよんで重んじるようになった。「浄土三部経」は平安貴族の間に広まり、さらに鎌倉時代に浄土宗や浄土真宗、時宗《じしゅう》の教義の根拠とされた。

次章では、浄土教経典とからめて仏教の極楽往生の信仰について解説していこう。

3章

極楽はどこか？・地獄とは何か？
死後の風景から見えてくるもの

●輪廻転生の考え方と極楽浄土の世界――

仏教と輪廻転生

●冥土の旅と死後の法事

現在の日本の仏教では、人間はいく度も生まれ変わりをくり返し、左ページの図に示した六道《りくどう》を行き来するという考えがとられている。この生まれ変わりは、「輪廻転生《りんねてんしょう》」とか、「六道輪廻」とよばれる。

それによると、死者は、亡くなるとすぐ冥土《めいど》の旅に出ることになる。そして、死んでから七日目に冥土の王庁に着いて秦広王《しんこうおう》による最初の裁判をうける。

最初の裁判をうけた死者は、三途《さんず》の川を渡る。そして、そのあと七日ごとに裁判をうけて、死後四十九日目に行なわれる七度目の裁判のあとで、六道のうちのどの世界に生まれ変わるかを決められるのである。

このため、仏式の葬式では遺体に旅装束《たびしょうぞく》を着せて、最初の裁判の日に初七日《しょなのか》の法事を行なう。そして、七回目の法事である四十九日《しじゅうくにち》の法要までの間に七日ごとに法事をひらくのである。

六道

天《てん》道《どう》	天人の世界で、人間の世界「人道」より楽が多く苦の少ない世界ではあるが、天人とはいえ、人間同様に死苦があり、仏の世界からみると絶対的とはいえない
人《にん》道《どう》	人間界のことで、生老病死などの四苦八苦がある、無常の世界。そうであっても、仏になるための修行がもっともしやすい世界で、仏も出現する
阿《あ》修《しゅ》羅《ら》道《どう》	つねに戦いをくり返していて、それは永遠にやむことがない世界
畜《ちく》生《しょう》道《どう》	あらゆる動物が暮らす世界。死にいたるまで弱肉強食をくり返し、人間に使役され、互いに殺傷しあう苦があるという
餓《が》鬼《き》道《どう》	閻魔王の支配下にあり、絶えず飢えと渇きに苦しみつづける世界
地獄道	鬼による責め苦がつづく世界。この世界の住人は絶えず苦しみつづけなくてはならない

●〝死後の世界〟の考え方はいつ生まれたか

現在出されている仏教の解説書には、死後の世界についての恐ろしい話が多く語られている。しかし、そのなかには後代につけ加えられたものも少なくない。

三途の川のことは、古い時代に書かれたインドの経典にはなく、『十王経《じゅうおうきょう》』という中国でつくられた経典にはじめて出てくるのである。

現代の科学では、

「人間は死後どうなるのか」

という問いに答えを出せない。はたして釈尊は、あの世のことまで通じた知恵者であったのだろうか。次項で詳しくみてみよう。

釈尊が考えた地獄とは

●「六道」をめぐる二つの解釈

六道輪廻の考えは、仏教の経典がまとめられる過程でととのってきたものであるらしい。釈尊が六道輪廻を説いたかどうかは明らかではないのだ。

経典を読むかぎり、六道には二通りの解釈が可能である。ひとつは、現在の日本の寺院で説かれているように、「阿修羅道《あしゅらどう》」「畜生道《ちくしょうどう》」「餓鬼道《がきどう》」「地獄道」といった恐ろしい世界を「死者の旅路」とみるものである。

そして、もうひとつは六道を人間の「心の旅路」とするものである。「怒れば地獄」といった経典の言葉がある。それは、「地獄」というものが、人びとが生活する世界から遠く離れたところにあるのではなく、だれもがいつでも心のもちようで地獄を経験することを説くもののように思える。

仏教は、すべての人間は六道輪廻によって修行を積んだのちに、最後は仏の世界である極楽に行く（往生《おうじょう》する）とする。六道を「心の旅路」とみた場合、その教えはつぎのような内容になる。

「人間とは煩悩《ぼんのう》が多い弱いものである。ときには悪心につかれた状態になったり（地獄）、食欲などの欲に動かされたり（餓鬼）、本能のままに生きたり（畜生）、争いごとをしたり（阿修羅）する。また、人並みの生き方（人道）や情け深いふるまいをする（天道）こともある。しかし、さまざまな体験をへたのちに、すべての煩悩を捨てて悟ることができれば仏の心で毎日をすごせるようになる」

●死後の世界にふれない釈尊

釈尊は、死後の世界をどう考えていたのだろうか。かれは、弟子のマールンクヤに死後の世界はあるかとたずねられたとき、「捨置記《しゃちき》（考えるな）」と答えたとつたえられる。

かれは、こう教えたのだ。

「わからないことはわからないと、しっかりあきらめよ」

このことからみて私は、仏教の「六道輪廻」の考えのなかの「地獄」などは、人間の心のありようをさすと考えたい。仏教で望ましくないものとされる煩悩のおおもとである、貪欲《とんよく》、瞋恚《しんに》、愚痴《ぐち》のすべてに取りつかれた状態が「地獄」ではあるまいか。つまり、釈尊は「人間の煩悩が地獄をつくる」といいたかったのだろう。

釈尊が弟子マールンクヤに説いた毒矢の比喩

> マールンクヤの「この宇宙は有限なのか、無限なのか？　死後の世界はあるのか、ないのか？」という問いに、釈尊はこう答えた。
> 「毒矢で射られた男がいる。まわりにいた人は皆、早く医者にみせよう、早く毒矢を抜いてあげようといっている。そんなときに、毒矢を射たのがだれかわかるまでは毒矢を抜いてはだめだ、といったらどうなる。その男は死んでしまうぞ。いま大事なことは男の苦しみを取り除いてあげることだ」
> 釈尊はマールンクヤに「そんな問題にこだわるより心の修行をせよ」と教えたのである。

●煩悩が地獄をつくる

「際限ない欲のために何事にも満足できず、すべてのことに怒り、自分の心の悩みに向きあおうとする知恵もない」

こういった生き方をしていれば、楽しくないだろう。そのような者は、周囲にも大きな迷惑をかける。しかし、だれもが何かをきっかけにそのような精神状態になる可能性をもっている。

それゆえ釈尊は、人びとに、

「あなたの幸福のために煩悩を捨てて涅槃《ねはん》の境地をめざしなさい」

と説いたのである。

つぎに、現在の日本の仏教で説かれる極楽についてみていこう。

極楽浄土の世界

●西方十万億土の仏

極楽浄土は、輪廻の苦しみのない世界だとされる。煩悩を捨て去ることができた人だけが、そこに入れるといわれる。

仏典は、阿弥陀仏がつくった極楽浄土は、「西方《さいほう》十万億仏国土《ぶつこくど》を過ぎたところ」にあるという。仏が起こした自らの理想を実現するための世界が、「浄土」の別名をもつ「仏国土」である。つまり、浄土はひとつだけではなく十万億もの仏の数だけあることになる。

・薬師如来の東方《とうほう》 浄瑠璃《じょうるり》国《こく》
・毘盧遮那仏《びるしゃなぶつ》の蓮華世界《れんげせかい》
・観世音菩薩の補陀落山《ふだらくさん》

といったものが浄土である。

●『阿弥陀経』にみる浄土の風景

しかし、日本ではふつう「浄土」といえば阿弥陀仏の治める極楽浄土をさすことになっている。この極楽浄土は、人間の世界の時間の概念の外にある永遠不滅の世界だとされる。

『阿弥陀経』は、極楽浄土のありさまをつぎのように記している。

「そこでは、樹木も川も池も、宮殿などの建物も、すべて金銀や宝石でつくられている。住民たちは、さまざまな装身具によって身を飾り、輝いている。

池には、青、黄、赤、白の美しい光を放つ車輪のような巨大な蓮の花が咲いている。その花は、清らかな香りを漂わせており、どこからともなく美しい音楽が流れてくる」

阿弥陀仏を信仰して往生を願う人びとは、死後にこの極楽の蓮の上で生活することを夢みた。しかし、次項に記すように、釈尊はこのような浄土の存在を明言してはいない。

釈尊が説く極楽の観じ方

●バラモン教における「輪廻」とは

仏教の輪廻の考えは、バラモン教の輪廻の考えと深くかかわるかたちでつくられた。バラモン教の教えを忠実にうけついでつくられたヒンドゥー教の信者は、現在でも輪廻を信じている。

かれらは、生前に善行を積んだ者は来世でよい境遇に生まれ、悪事をはたらいた者は来世でその報いによる苦しみを味わうという。解釈によっては、ヒンドゥー教は、行ないの悪い人間は、来世は獣や鳥、魚、虫に生まれ変わると説いているようにも思える。しかし、ヒンドゥー教の輪廻のみちすじのなかには、「地獄道」「餓鬼道」といった恐ろしい世界はない。

しかもヒンドゥー教は、ヒンドゥー教の神を拝み、ヒンドゥー教の戒律をまもることによって解脱《げだつ》し、救われると説いている。

●仏の救いを信ぜよ

釈尊の弟子たちは、南アジア世界の人が古くから抱いていたバラモン教にもとづく死後の生活への恐れにとらわれていた。

そこで釈尊は、死後に不安をもつ弟子たちにこう教えた。

「死後の世界のことは考えるな。いまの一瞬一瞬を大切に生きればよい」

目の前にあることに専念せよというのだ。

この考えは、日本の禅僧にうけつがれている。かれらは、ふたつのことを同時に行なわない。食事のときはひたすら食事をとり、坐禅を組むときはひたすら禅に専心するのである。

さらに釈尊は、人びとに「死んだら浄土に行く」と信じなさいとすすめた。人間にとって理解できない死後のことであれこれ考えることはないというのである。

善行を積めば浄土に行けると考えると、打算にもとづいて善行に励むことになってしまう。これではよくない。だから、人間を超える不可知な存在の力で浄土に行けると考えて自然に善行ができるようになりなさいとも釈尊はいう。

浄土信仰は、このような釈尊の教えをもとに、次項で記すようなかたちで発展していったものだ。

浄土信仰の発展

●インドの浄土信仰

浄土信仰は、仏教の発展期にあたる二世紀のインドで生まれた。この時代には、多くの経典が文章化されている。

多方面の学問に通じて多くの著作をのこした、龍樹《りゅうじゅ》（ナーガールジュナ）という高僧がいる。かれは浄土教を重視し、人びとに阿弥陀仏に極楽往生を願うことをすすめた。かれは、高度な学問や修行を必要としない阿弥陀信仰を「易行門《えきぎょうもん》（やさしい修行の門）」とよんでいた。

ついで五世紀のインドに、世親《せしん》が出た。かれは浄土教経典のひとつ『無量寿経』を重んじ、それを解説して極楽往生にいたる方法をわかりやすく記した『浄土論《じょうどろん》』をまとめた。これが、その後の浄土信仰の基礎になった。

●中国で生まれた「他力思想」とは

中国に仏教が広まったのちに、曇鸞《どんらん》という浄土信仰につよい関心をもった僧侶が出た。かれは民衆を救うために、わかりやすい教えを広めようとしたのだ。

そのために曇鸞は、「他力《たりき》思想」という考えを打ち出した。だれでも阿弥陀仏の力を信じることによって、救われて極楽往生できるというのである。日本の浄土信仰は、この「他力思想」の流れのうえにある。

しかし、このような浄土信仰は、自ら煩悩から解脱して涅槃という心のきれいな状態にいたることをすすめた釈尊の考えから、かなりずれたものであることがわかる。

ただし、筆者が釈尊の考えに近い宗派が上質で、釈尊の考えから離れた宗派はそうではないとする立場をとっているわけではない。仏教は釈尊の思想をさまざまなかたちに発展させて、多くの宗派に枝分かれしてきた。

それらのすべてが「仏教」なのである。ゆえに、釈尊の説を根本においたうえで特定の宗派の開祖がつくった独自の考えであっても、それが人びとの心を救うものであれば、充分尊いのである。

釈尊の意志にかかわりなく阿弥陀如来（阿弥陀仏）の像を拝む浄土教は、中国から日本へと広まっていった。浄土教は、平安時代はじめに日本につたわった。そして、平安時代なかばに空也《くうや》や源信《げんしん》によって広められ、鎌倉時代の浄土系の新仏教へとうけつがれた。

次項では、極楽浄土を願う儀式として広く行なわれた念仏講《こう》と念仏踊りについて記そう。

極楽浄土への儀式

●中国に始まる念仏講

浄土教は、「阿弥陀仏の救いをひたすら信じることによって極楽往生できる」と説くものである。そのため、「阿弥陀仏」という仏の名前の前に、帰依《きえ》することを意味する「南無《なむ》」

の語をつけた「南無阿弥陀仏」という念仏が重んじられることになる。ここの「南無」は、「敬い拝むこと」をあらわすサンスクリット語の「ナーマス」からきたものである。

多くの人があつまって一定の節に従って念仏を唱える念仏講が、現在でも日本の浄土系の寺院や地域の集団で行なわれている。この念仏講は中世にもっともさかんにひらかれたが、その起源は中国にある。

五世紀はじめに中国の僧慧恩《えおん》が、白蓮社《びゃくれんしゃ》という念仏結社で念仏講をはじめた。この白蓮社の結成が中国の浄土宗の起こりとされる。そして唐代に僧法照《ほうしょう》が、節にあわせて念仏を唱える方式をととのえた。これが平安時代はじめに、僧円仁《えんにん》によって比叡山《ひえいざん》につたえられ、そこから日本に広がっていったのである。

浄土系の信仰のさかんな農村では、年に数回もしくは十数回ひらかれる念仏講の日は、大勢であつまり念仏のあとで会食を行なう楽しみの場でもあった。

●空也と一遍が広めた念仏踊り

念仏講をさらににぎやかにしたのが、念仏踊りである。それは多くの人が、鉦《かね》や太鼓《たいこ》を鳴らしながら念仏を唱えて踊りまわるものである。

平安時代なかばに、僧空也が民衆に浄土の教えを広めようとして念仏踊りをはじめた。

そのころ比叡山でさかんに念仏が行なわれていたが、空也は庶民を救おうとして山を下り、鹿皮の衣をまとって踊りながら念仏を唱えて各地をめぐった。

そのとき空也は、念仏によって本人の極楽往生とこの世への未練に苦しむ怨霊《おんりょう》の鎮魂《ちんこん》がなされると説いた。そのため、多くの人が空也について踊りまわるようになった。空也の没後に踊り念仏はいったん下火になったが、鎌倉時代末に一遍《いっぺん》があらわれて踊り念仏を重んじる時宗《じしゅう》を起こし各地に広めた。この時宗は日本の有力な宗派のひとつになっていった。

●遊行寺の念仏踊り

現在、時宗の総本山である神奈川県藤沢《ふじさわ》市の遊行寺《ゆぎょうじ》で毎月二三日に踊り念仏がひらかれている。「南無阿弥陀仏」の掛け軸の前で肩から鉦を吊るした導師《どうし》とよばれる僧侶の指導のもとに多くの僧が鉦を打って踊るのである。

出雲阿国《いずものおくに》が江戸時代はじめに、踊り念仏の手法をまねた大道芸で評判をよんだ。これが歌舞伎《かぶき》のもとになった。人びとの浄土への想いが、日本に多くの文化を生み出してきたのだ。

日本仏教の歩みや仏教文化の特性については次々章（第五章）で述べるが、その前に次章では日本に入るまでの仏教の発展についておおまかにみておこう。

4章

●仏教の分裂と宗派の誕生——

仏教がアジアで発展し、受け継がれていった軌跡

原始仏教とインド

●古代インド仏教の発展

前にも述べたように、仏教はバラモン教によるバラモンの支配に反発するクシャトリアの間に急速に広まった。そのため、釈尊が活躍した段階でガンジス川流域の強国であるマガダ国が仏教保護の立場をとった。ついでマガダ国を滅ぼしたマウリヤ朝によって、仏教が南アジア全土に広められた。これは、マガダ国やマウリヤ朝の王家がクシャトリア層であったことによる。

マウリヤ朝は紀元前二世紀はじめに衰えた。そして、一世紀なかばにアフガニスタンのクシャーナ朝が有力になり、西北インドに侵入した。このクシャーナ朝も仏教興隆《こうりゅう》に力を入れた。とくに、二世紀なかばに活躍したカニシカ王は、第四回仏典結集《ぶってんけつじゅう》の後援などを行なった熱心な仏教徒として知られる。

クシャーナ朝とほぼ同時代に南インドを治めたサータヴァーハナ朝（アーンドラ朝）でも、仏教がさかんだった。

グプタ朝

クシャーナ朝とサータヴァーハナ朝

●仏教からヒンドゥー教の時代へ

クシャーナ朝やサータヴァーハナ朝が衰えたあとの、四世紀はじめにグプタ朝がインド北部を支配した。このグプタ朝がヒンドゥー教をとり入れたために、民間の仏教信仰は四世紀以後、急速に後退した。

ヒンドゥー教は、人びとにシヴァ神・ヴィシュヌ神の像を拝めば御利益を得られると説くものだった。そこではウパニシャッド哲学のもつ高尚《こうしょう》な論理は重んじられなかった。

グプタ朝の時代にはバラモンの勢力はすでに後退し、王族や官僚、軍人が権力を握るようになっていた。そのため、バラモンに対抗する必要がなくなった権力者たちは、心の修行を重んじる仏教より、わかりやすいヒンドゥー教を好むように変わった。

ヒンドゥー教の儀礼にあたったのはバラモン層であっ

仏教の発展

年代	出来事
前483年頃	・釈尊の入滅
前473〜463年頃	・第1回仏典結集
前300年頃	・第2回仏典結集 ・上座部と大衆部に分裂し、部派仏教始まる
前3世紀	・アショーカ王が仏教に帰依し（前261年頃）、仏教が全インドに広がる ・マヒンダ王子が上座部仏教をスリランカへ伝える ・諸部派の論争が始まる
前2世紀初め	・大乗仏教運動が始まる
1世紀	・クシャーナ王朝成立（60年頃） ・ガンダーラ、マトゥーラで仏像製作始まる ・カニシカ王の統治（144〜166年頃） ・龍樹（ナーガールジュナ）、大乗仏教の興起につとめる（〜250年頃）
4世紀	・グプタ朝成立

たが、この時代のかれらは国を支配しようとする野望を捨て、王家の保護をうけるだけの存在になっていた。

●原始仏教のあいまいさの理由

古代インドの知識人がつくったウパニシャッド哲学は、ヒンドゥー教を介してインドの民衆には広まらなかった。それは仏教にとり入れられて、アジアの諸民族の学問と融合していったのである。

江戸時代までの日本の有力寺院で熱心に研究された仏教の教学は、はるか昔に生まれたインドの哲学に中国や日本のさまざまな知識が加えられてつくられたものだ。

釈尊の言葉は、没後七〇〇年近くたってはじめて文章化された。しかも釈尊は、弟子たちに自分の説を押しつけずに、自ら覚えることをすすめた。それゆえ、「原始仏教」などとよばれる初期の仏教は、多様な考えを容認する性格をもつことになった。

この点が仏教と、『聖書』『コーラン』という基本となる経典をもつキリスト教やイスラム教との大きなちがいである。

このような仏教の性格が、のちに「大蔵経」（55〜56ページ参照）に収められたような多彩な経典を生むことになった。そのなかには、互いに相反する説を記すものもあった。このような仏教の融通性が、次項に記す大乗《だいじょう》仏教と上座部《じょうざぶ》（小乗《しょうじょう》）仏教との分立を生むことになったのだ。

仏教の分立と上座部仏教

●上座部仏教と大乗仏教の違い

仏教は、上座部仏教と大乗仏教とのふたつに分かれるが、そのなかの現在の上座部仏教につらなる大乗仏教以前の仏教（原始仏教）は、個人の救済を目的とするものであった。

しかし、釈尊の没後三〇〇年ほどたった紀元前二世紀初めごろ新たにつくられた大乗仏教は、万人を救済する菩薩《ぼさつ》信仰を重んじるものであった。

それは、仏陀《ぶつだ》になりたいと種々の修行を積む菩薩が人びとにさまざまな救いを与えてくれるとする考えである。

そのため大乗仏教の信者は、さまざまな仏（如来《にょらい》）や観世音菩薩をはじめとする諸菩薩像を拝み、救いを願った。これに対し上座部仏教は、釈迦像だけを本尊としている。

●東南アジアで発展した上座部仏教

釈尊の没後数十年をへたあたりから、仏教徒はしだいにつぎのふたつの集団に分かれていった。
①釈尊の教えをまもり、自ら釈尊と同等の悟りをめざそうとする保守派。
②自分たちは釈尊の偉大さに及ぶものではないから、釈尊の教えに沿いつつ自分たちの思索《しさく》を深めていこうとする進歩派。
この分裂が起こった時点では、まだ大乗仏教的な考えはみられない。

そして、第二回仏典結集のときにこの両者が対立し、前者が「上座部」、後者が「大衆《たいしゅう》部《ぶ》」になった。

その二派は、このあと四〇〇年ほどの間にいくつにも分裂していき、最後には「二〇部

上座部仏教の広まり

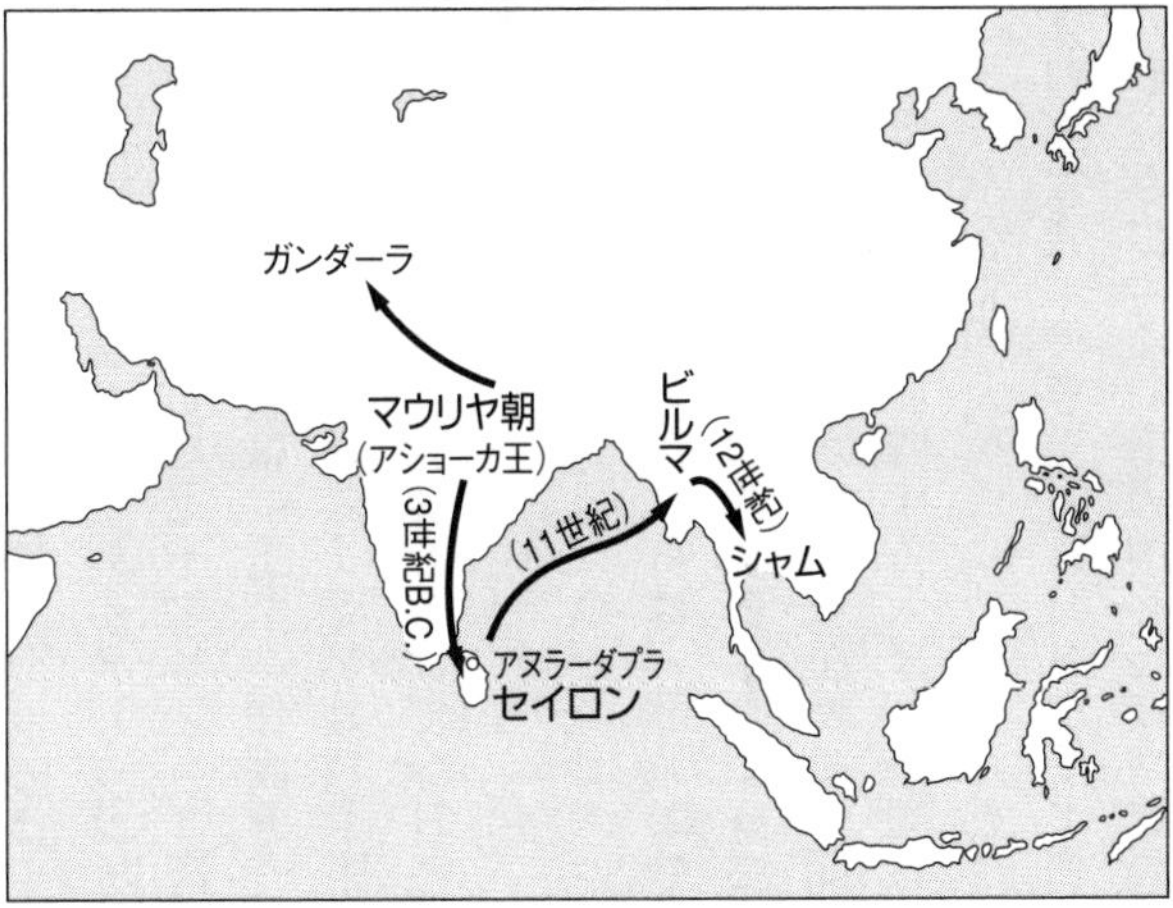

アジアの主な仏教国

カンボジア	仏教（95%）、イスラム教ほか
ラオス	仏教（95%）ほか
スリランカ	仏教（70%）、ヒンドゥー教、イスラム教、ローマン・カトリック教ほか
タイ	仏教（95%）、イスラム教ほか
シンガポール	仏教（42.5%）、イスラム教、キリスト教、道教、ヒンドゥー教ほか
ブータン	仏教（95%）、ヒンドゥー教ほか
ベトナム	仏教（80%）、カトリック、カオダイ教ほか
ミャンマー	仏教（90%）、キリスト教、回教ほか

派」（「二〇部派」と書かれるが、実際は一九の部派しかない）に分かれた。

この間に、上座部の仏教がスリランカ（セイロン島）につたわった。マウリヤ朝のアショーカ王が、出家した王子マヒンダと高僧たちをスリランカにおくったためである。スリランカの上座部仏教は、王家の保護をうけて発展し現在までつづいた。

また一一世紀以降、スリランカの上座部仏教がタイ、ミャンマー、カンボジアなどに広まり、そこで独自の発展をとげて今日にいたっている。

●大乗仏教の誕生

一九の部派の構成員は、ウパニシャッド哲学の流れをひく学問に通じた知識人の出家者であった。そのためかれらは、部派間の反目や論争が盛行するなかでしだいに布教を軽んじ、自分の悟りのみに関心をもつようになっていった。

やがて部派の分立がすすむなかで、部派の教えを「自分たち小人数しか乗れぬ信仰にこだわる者たち」と非難する人びとがあらわれた。かれらは自らのありかたを「大勢を乗せること」をさす「大乗仏教」とよんだ。

この「大乗」の考え方は、マウリヤ朝のアショーカ王の時代に民間人の仏教信者のあつまりから起こった。その中心となったのが、新興の商工民であった。

大乗仏教が発展していくなかで部派の仏教は少しずつ後退していった。次項で記すように、大乗仏教はクシャーナ朝で大きく発展した。

大乗仏教の発展

●仏像の誕生とギリシャ文化

クシャーナ朝のカニシカ王は、「大乗」の考えにひかれてカシミールで第四回仏典結集を行ない、仏塔を首都のプルシャプラ（現在のペシャワール）郊外に建てた。

この第四回仏典結集は、あらゆる仏教徒にかかわる第三回までの仏典結集と異なる、大乗仏教の経典を中心とするものであった。

クシャーナ朝で、ギリシャ文化の影響をうけて仏像がつくられるようになった。この時代の仏像は「ガンダーラ様式」の仏像とよばれるが、その顔はギリシャ彫刻の神像に似た、彫りの深いものになっている。

●「大乗」の理論の根本とは

マウリヤ朝で起こった「大乗」の考えは、南方のサータヴァーハナ朝にも広がった。そ

仏教の分裂

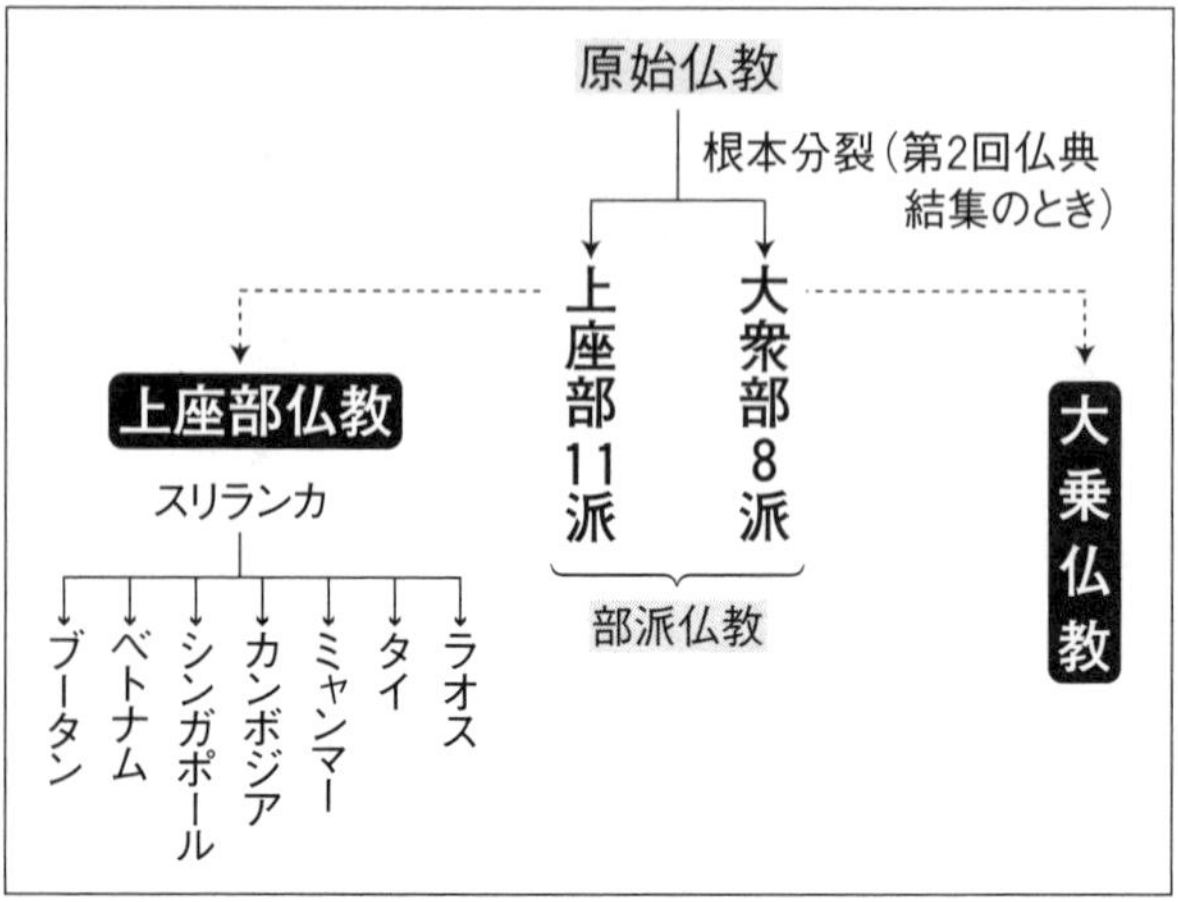

してそこに、紀元二世紀もしくは三世紀ごろの人物とされる龍樹《りゆうじゆ》（ナーガールジュナ）という高僧が出た。

かれは、万物は「空《くう》」であると考え、有と無との両端（過剰と過少）を排した「中観《ちゆうがん》」を望ましいものとした。

この中観は、釈尊が述べた「中道」にほぼ相当するものと考えてよい。この説が、大乗仏教の考えの根本となった。

大乗仏教は、学説の系譜《けいふ》の上では大衆部の部派仏教の流れをひいている。しかし、大衆部がそのまま大乗仏教になるわけではない。つまり大衆部と上座部との対立が、現在の大乗仏教と上座部仏教とのちがいを生み出したのではないのだ。

上座部や大衆部の諸派はすべて、大乗仏教とは異なり、菩薩信仰をとらないものである（大衆部の教えに菩薩信仰が加わって大乗仏教ができたといえる）。

そして、これら大乗仏教以外のものは、グプタ朝以後のインドで急速に衰え、やがて滅びていった。

これ以前に上座部のなかの一派がスリランカにつたわったおかげで、上座部仏教がスリランカから東南アジアの広い範囲に広まることになったのである。

次項では、大乗仏教の流布についてみていこう。

中国に伝来した仏教

●西域僧の活躍

インドと中国との間の商人の往来は、古くからみられた。そのため仏教の思想も、長距離の交易に従事する商人たちの手で中国につたえられた。

原始仏教は、インドからガンダーラに入り、そこから「西域《さいいき》」とよばれた中央アジアの砂漠地帯をへて中国の西のはずれである敦煌《とんこう》にもたらされた。中国の知識人は、ほぼ後漢

大乗仏教の広まり

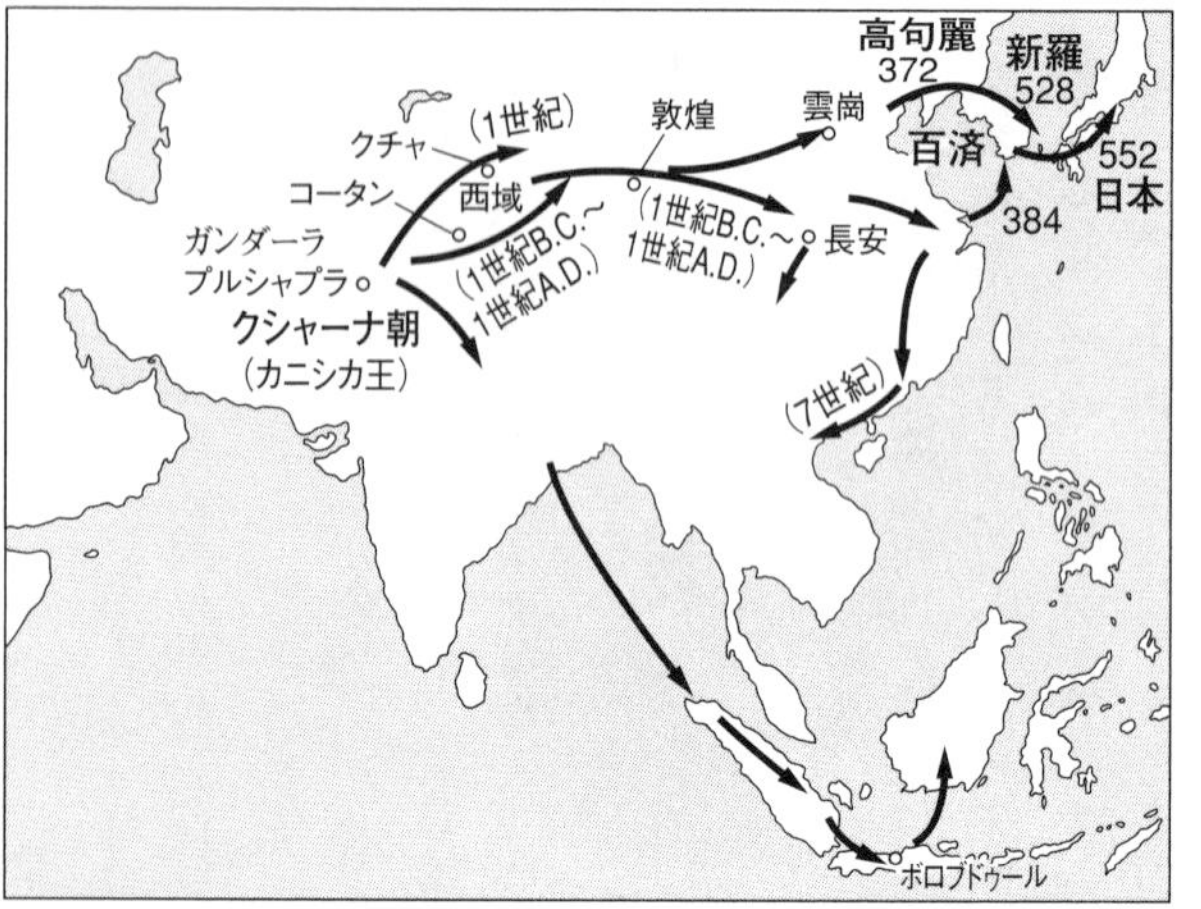

代はじめに相当する一世紀には仏教を知っていたのではないかといわれる。

そして、中国の仏教信仰の高まりに応じるかたちで、四世紀後半に西域の高僧仏図澄《ぶっとちょう》や鳩摩《くま》羅什《らじゅう》（クマラシーヴァ）が中国にやってきた。この時代の中国は南北朝時代にあたる。クマラシーヴァは、長安で布教するかたわら七四部三八四巻の経典を中国語に翻訳《ほんやく》した。

また中国の僧法顕《ほっけん》は、陸路でインドにおもむいて仏教を学び、海路で帰国した。この旅行は一七年にもおよぶものであった。『仏国記《ぶっこくき》』というかれの旅行記は、この時代のアジア諸地域の事情をつたえる貴重な文献である。

●石窟寺院の登場

中国北部を支配した北魏《ほくぎ》の王朝は、仏教興隆に力を入れた。そのため、敦煌や雲崗《うんこう》、竜門《りゅうもん》に石窟《せっくつ》寺院がつくられた。それは洞窟を掘って、その壁に巨大な石の仏像を彫ったものである。

それらは、金属や木でつくった像より長持ちする石像というかたちで後世につたえようとする考えからつくられた。石窟寺院の仏像は、ガンダーラ仏に中央アジアの様式を加えたつくりをとっている。

飛鳥時代の日本で仏像がつくりはじめられたが、その時期の像には北魏様式のものが多くみられる。ガンダーラの文化が、はるか東の日本までうけつがれたのである。次項に記すように、北魏で発展した中国仏教は唐代に最盛期をむかえた。

唐代の仏教の隆盛

●仏教を重んじた隋と唐

中国では、三〇〇年近くにわたって中国北部の王朝と中国南部とが争う南北朝時代がつづいていたが、六世紀末に隋《ずい》朝がようやく中国全体を統一した。この隋朝と隋のあとをうけた唐《とう》朝の歴代の皇帝は、仏教をあつく保護した。

玄奘の旅行路（633〜645年）

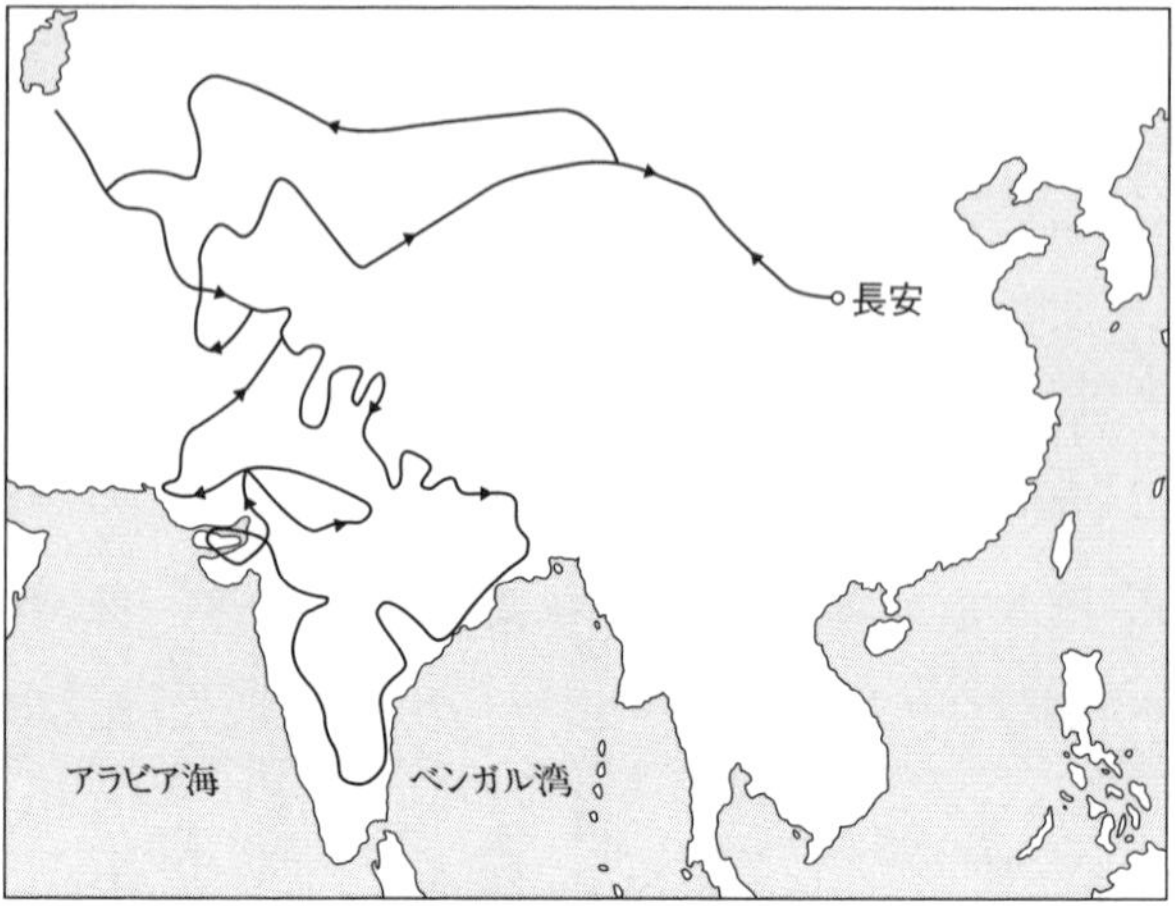

そのため、唐の都の長安《ちょうあん》には多くの大寺院が営まれ、そこでさまざまな学問の研究が行なわれた。

さらに唐代に東西貿易が盛行したことによって、イスラム教（回教《かいきょう》）、マニ教、ゾロアスター教（祆教《けんきょう》）、ネストリウス派キリスト教（景教《けいきょう》）といった西方の宗教も中国に広まった。

しかし、唐代末に皇帝の勢力が後退したため、仏教は衰えはじめ、それに代わって中国の民間信仰から発展した道教《どうきょう》が民衆に広まっていった。

●三蔵法師らの活躍

唐代には、「三蔵法師」の通称をもつ僧玄奘《げんじょう》や僧義浄《ぎじょう》が、インドで学んだのちに中国に多くの経典を持ち帰った。このことが、中国で仏教教理の研究を流行させた。

玄奘がひらいた法相宗《ほっそうしゅう》は、庶民を救う教えではなく学問仏教としての性格のつよいものであったが、唐代の宮廷で高く評価された。そのため日本の留学僧道昭《どうしょう》がいちはやく玄奘の教えをうけて、日本に法相宗を持ち帰っている。

のちに玄奘の旅行記『大唐西域記』をふまえて三蔵法師のインド行きを小説にした『西遊記』が書かれた。

また、唐代にインド僧善無畏《ぜんむい》が中国に密教をつたえたことにも注目したい。かれは、『大日経』の中国語訳も行なっている。

唐代の貴族は、禅、浄土教、密教などの多様な仏教に関心をしめしたが、次項では唐代の仏教の宗派のありかたをみていこう。

宗派は中国で生まれた

●大乗仏教で宗派ができた理由

隋代から唐代にかけての中国では、「十三宗」とよばれる、多くの宗派が互いに競いあい

隋から唐の時代の「十三宗」

日本に入らなかったもの	日本に入ったもの
涅槃宗、地《じ》論《ろん》宗、毘《び》曇《どん》宗、摂《しょう》論《ろん》宗	華《け》厳《ごん》宗、成《じょう》実《じつ》宗、律《りつ》宗、三《さん》論《ろん》宗、天台宗、法《ほっ》相《そう》宗、真言宗、浄土教、禅宗

ながら勢力拡大につとめていた。

そのため、隋代にあたる六世紀以後に仏教を学んだ日本人は、すでにいずれかの宗派の色がついた学問を学ぶほかなかった。

この宗派は、「教義・経典について自由な解釈を許す」立場をとる大乗仏教の考えから生み出された。それに従えば、仏教は、すべての人にただひとつの教えを信じさせるのではないことになる。

つまりどのような方法であれ、より多くの人間を悟り（安らかな精神の境地）にいたらせることが仏教の目的であるのだ。

それゆえ、

「坐禅をすれば悟りを得られる」

「ひたすら阿弥陀仏を信じて悟ろう」

等々の多様な考えをもつ者が、同じ説をとる者どうし集まって宗派をつくることになったのである。

したがって、理論より戒律《かいりつ》を重んじる東南アジアの上座部仏教には宗派はみられない。

●諸子百家と宗派

仏教の根本的な考え方のひとつに、物事の極端を排して現実を正しく判断することをすすめる「中道《ちゅうどう》」がある。中国で、この「中道」の考えが宗派を生んだ。

ある時代にもてはやされた仏教の考え方は、時がたつとその時代にあわなくなる。そうすると古い教えは中道をはずれたものとされ、その時代にあった中道による新たな宗派ができるのだ。

さらに、中国では古くからさまざまな学問が発達し、学派間の論争もさかんであった点も重要である。春秋戦国時代（紀元前八世紀—紀元前三世紀）に、孔子《こうし》などの儒家《じゅか》、老子《ろうし》などの老家《ろうか》、韓非子《かんぴし》などの法家《ほうか》などの、数えきれない学派がつくられた。

これを「諸子百家《しょしひゃっか》」という。中国の学者は、師匠に教えをうけたのちに、さまざまな学派の学者との論争をくり返すことによって学問を深めていった。

こういったところに仏教が入ってきたため、中国の知識人は経典研究を中心とする学問仏教を第一のものとするようになった。そして、師弟で学説を伝承していく学派をつくり上げたのだ。

このようにして多様な宗派が生まれ、それが朝鮮や日本に広まっていった。

次章では、そのような宗派を中心に日本の仏教の歴史をみていこう。

5章

●仏教の日本伝来と各宗派の歩み――

平安から鎌倉期に開花した「日本仏教」の開祖の教えとは

仏教伝来と飛鳥文化

●百済《くだら》から伝わった仏教

六世紀の朝鮮半島に、百済《くだら》という小国があった。当時の朝鮮は、「朝鮮三国」とよばれる高句麗《こうくり》、新羅《しらぎ》、百済の三国と小勢力、加耶《かや》に分かれており、百済はたえず隣の強国新羅の攻撃をうけて苦しんでいた。

そのため百済の聖明王《せいめいおう》は、日本の援助を得るために日本の王家の関心を得ようとして、仏像、経典などを献上した。

これを「仏教公伝《こうでん》」という。五三八年を仏教公伝とする説が有力だが、『日本書紀』はそれを五五二年としている。

このほかに、仏教公伝以前に「渡来人《とらいじん》」とよばれる朝鮮半島からの移住者が私邸で仏像をまつっていたとする伝えもある。

6世紀の朝鮮半島

●法隆寺と聖徳太子

仏教公伝後しばらくして、仏教とそれにともなう先進文化が宮廷に広がった。この時代につくられた大陸風の文化を「飛鳥《あすか》文化」という。この時代の文化の発展に尽くしたのが、聖徳太子である。かれは、法隆寺、四天王寺などを建立《こんりゅう》し、自ら経典研究に従事し、中国に遣隋使を送って学問の輸入につとめた。

多くの宗派が、聖徳太子を「大和国の教主」などとよんで、太子を自派のおおもととする。ゆえに、各宗派の開祖とともに聖徳太子の像や画像をまつる寺院もかなりある。

太子は、日本では釈尊のように宗派の枠を超えて敬愛されている。太子の時代には、宗派は分かれてはいなかった。日本で宗派の対立がさかんになるのは、平安時代はじめからであるが、次項ではその直前の奈良時代の仏教のありかたをみておこう。

学問重視の奈良仏教

●南都六宗の誕生

現在の日本で知られる主な宗派は、鎌倉時代に出そろったといってよい。奈良時代の僧

南都六宗

宗派	伝来・開創年代	伝祖または開祖	主要寺院
三論宗《さんろんしゅう》	625	慧灌《えかん》	元興寺《がんごうじ》・大安寺《だいあんじ》
成実宗《じようじつしゅう》	?	道蔵《どうぞう》	＊
法相宗《ほっそうしゅう》	653	道昭《どうしよう》	興福寺・法隆寺・薬師寺
倶舎宗《くしゃしゅう》	658	智通《ちつう》・智達《ちたつ》	＊
華厳宗《けごんしゅう》	736	道璿《どうせん》	東大寺
律　宗《りつしゅう》	754	鑑真《がんじん》	唐招提寺《とうしようだいじ》・西大寺《さいだいじ》

＊成実宗、倶舎宗は、現在はほとんどみられない

侶は、自分は何宗に属するという意識をもたなかった。

奈良時代以前の日本の仏教は、教義のうえでつぎの六つの系統に分かれていた。「三論《さんろん》」「成実《じょうじつ》」「法相《ほっそう》」「倶舎《くしゃ》」「華厳《けごん》」「律《りつ》」

これはのちに「三論宗」のように「宗」の字をつけてよばれるようになり、「南都六宗《なんとろくしゅう》」と総括された。

しかし、奈良時代の僧侶は「三論衆」といったかたちの「衆」をつけた呼び名を用いていた。この「衆」は学閥《がくばつ》をあらわすもので、のちの宗派とは異なる。奈良時代の僧侶は、法隆寺などの学問道場である大寺院で、政府から学費を支給されて経典研究を行なっていた。そのため当時はひとつの寺院で複数の学閥（衆）の勉

強がなされていた。

●国家仏教として栄えた諸学派

奈良時代の学問仏教は、寺院を国家の保護と統制のもとにおく「国家仏教」と深くかかわるかたちで生まれた。聖徳太子の仏教興隆以来、「法会《ほうえ》や祈禱《きとう》によって国を安定させよう」とする鎮護国家《ちんごこっか》の考えがとられた。そのため、僧侶の経典研究が国をよくするみちを探るものとして保護されたのだ。

そのため野心をもつ僧侶は、学問を認めてもらって高い地位を得るために、他派との論争に力を入れた。こうして六つの学派が競いあうかたちで、日本の学問仏教の水準は中国に追いついていった。

それとともに、寺院が教育の場であった点も見逃せない。漢字や中国の学問は、国分寺《こくぶんじ》などの地方の有力寺院をつうじて中央から各地に広まっていった。

「寺院を訪ねれば、中央の新たな文化にふれることができる」

こういった発想から地方豪族や上層の農民が仏教に関心をもちはじめ、やがて仏教徒になっていった。そして、平安時代なかばごろから、社寺にいる僧侶が教育に力を入れるようになった。仏教は明治時代に近代的な教育制度ができる以前の教育に、大きく貢献した。
次項では、学問仏教優位の奈良時代にあって、庶民の救済に力を入れた鑑真《がんじん》の律宗《りっしゅう》について
みていこう。

鑑真と律宗

●戒律を重んじる

奈良時代末期に唐僧の鑑真が日本に渡ってきて中国の律宗をつたえた。この律宗は、南都六宗のなかでもっとも新しい一派である。

律宗は、唐代はじめの学僧、道宣《どうせん》によってひらかれた。鑑真はこの道宣の孫弟子である。唐代はじめの仏教界は、皇帝や貴族の保護のもとに繁栄していたが、高位の僧侶の間には贅沢《ぜいたく》な気風がひろがっていた。道宣はこのありさまを批判し、僧侶に戒律《かいりつ》を厳格にまもった生活をすすめた。

唐に留学した日本の学僧たちは、律宗の教えにもとづいて質素な生き方をする鑑真に大いにひかれた。そして鑑真に日本にくるように求めた。これに応じて鑑真は日本をめざし

たが、前後五度の渡航に失敗したのちに六度目の航海でようやく日本にたどり着いた。

このあと鑑真は、聖武《しょうむ》上皇、光明《こうみょう》皇太后、孝謙《こうけん》天皇をはじめとする四四〇人余りに授《じゅ》戒《かい》（仏門に入る人にまもるべき戒律を授けること）した。そして、戒律を授ける根本道場として奈良の唐招提寺《とうしょうだいじ》を建立した。

さらに、下野《しもつけ》国の薬師寺と筑前国の観世音寺《かんぜおんじ》にも授戒のための戒壇院《かいだんいん》がひらかれた。

●鎌倉末期の叡尊《えいそん》の活躍

律宗は平安時代なかばにいったん後退する。しかし、中世の律宗につぎつぎに高僧が出た。かれらは鎌倉時代の新仏教の広まりに対抗するかたちで、「自らは戒律を重んじる高徳の僧侶のあつまりである」と主張して宗派の勢力を拡大していった。

そのため、律宗は中世の有力な宗派のひとつになっていった。とくに、鎌倉時代末に出た叡尊《えいそん》の活躍が目立った。かれは五人の天皇をはじめとする六万六〇〇〇人余りの人に授戒し、一三〇〇か所余りの放生所《ほうじょうしょ》（捕らえた魚や動物を解放して人びとに殺生《せっしょう》を戒《いまし》めるための施設）を起こした。

このような動きによって、律宗は唐招提寺や奈良の西大寺《さいだいじ》を中心に栄え、現在にいたることになった。律宗は「南都六宗」とよばれる奈良仏教のなかで最有力のものといえる。

次項から、平安仏教について記していこう。

最澄と天台宗

●遣唐使として天台宗を学ぶ

奈良時代末に、国家に保護されすぎた仏教界は堕落《だらく》していった。荘園《しょうえん》とよばれる広大な寺の領地を抱えた大寺院に住む僧侶の多くは、学問をおろそかにして怠惰《たいだ》な日をすごしていた。なかには、道鏡《どうきょう》のように政治に口出しして皇位を望む者までいた。

最澄《さいちょう》（七六七―八二二年）はこのような奈良の仏教界に反発し、ひとりで比叡山《ひえいざん》にこもって勉学にいそしんだ。この最澄が仏教界の刷新《さっしん》をもくろむ桓武《かんむ》天皇の目にとまった。桓武天皇は、奈良の大寺院と皇室との縁を断ち切るために七九四年に平安遷都《せんと》を行なっていた。このあと桓武天皇は最澄を後援し、かれを八〇四年に入唐する遣唐使に同行させた。

このとき最澄は、唐の天台山《てんだいさん》を訪れて天台宗を学んだ。同じ遣唐使の一行に空海《くうかい》もいたが、かれのことは後で記そう。天台宗は、中国の南北朝時代の末に活躍した僧智顗《ちぎ》がひらいた『法華経』を重んじる宗派で、釈尊は『法華経』を説くためにこの世に出現したと説くものである。

●『法華経』の柔軟な教義

『法華経』の成立は新しく、その内容には後世に加えられた要素も多い。それゆえ、『法華経』と釈尊自身の教えとの間には多少のずれがあるが、多彩な内容をもつ『法華経』は、さまざまな教義を包みこむ柔軟性をもっている。

このことによって、のちに天台宗の教団から多様な鎌倉新仏教の諸宗派が生み出されることになった。

浄土宗、浄土真宗、時宗といった浄土教系の宗派と臨済宗、曹洞宗の禅宗系の宗派、日蓮宗の三者は、互いに異なる主張をとっている。しかし、それらはいずれも天台宗から分かれたものである。

最澄は唐で天台の教義のほかに、密教、禅、戒律を身につけ、比叡山をその四者をともに学ぶ「四宗兼学《ししゅうけんがく》」の地とした。このことから比叡山では多彩な学問が展開した。比叡山の発展が日本の仏教界の宗派間の対立を起こしていくのであるが、その詳細は次項に記そう。

比叡山と宗派の発生

●天台宗の開宗

奈良時代に、官費を支給して僧侶を養成する年分度者《ねんぶんどしゃ》の制度が設けられていた。これによって南都六宗の諸派は毎年それぞれ若く優秀な僧侶一〇人を年分度者として朝廷に推薦《すいせん》し、かれらに学費を与えていた。

最澄は唐への留学から帰って新たな一派を起こしたときに、桓武天皇に比叡山からも年分度者を出したいと求めた。そして、八〇六年にこれが認められた。このときが、日本の天台宗の開宗とされる。

それまでの南都六宗の学派間の区別はあいまいであったが、天台宗は南都六宗を批判するかたちで起こされたものだ。それゆえ、平安時代はじめに天台宗と南都六宗とが互いに競いあうかたちがつくられたことになる。

奈良の学派が結束して天台宗に対抗するかたちもとり得たが、奈良の学僧たちは天台宗の成立をきっかけに、奈良の諸学派の主張がおのおの異なることをつよく認識した。

「三論の学問と法相の学問の手法はちがう。それならば、三論を学ぶ者は三論宗、法相を修める者は法相宗となって、おのおのが自立するのがよいのではないか」と考えられるようになったのだ。そのためこれ以降は、自派の勢力の拡大をめざす宗派間の対立が目立つようになる。

●山門派と寺門派の対立

最澄はある程度の密教を学んではいたが、かれの知識は不充分だった。それが次項に記す最澄と空海との対立にもつながった。

最澄の孫弟子にあたる円仁《えんにん》と円珍《えんちん》は、天台宗の不充分な点を補おうと熱心に密教を学んだ。しかし、円仁派と円珍派とは教義などをめぐる対立を起こした。そのため、円珍一派は比叡山をはなれて比叡山の東の麓《ふもと》に三井寺《みいでら》を起こしてそこに移った。

円珍一派は三井寺の「寺」の字にちなんで「寺門派《じもんは》」とよばれた。これに対し円仁の流れをひく主流を比叡山の「山」にちなんで「山門派《さんもんは》」とよぶこともある。平安時代末から中世にかけて、比叡山と三井寺は多くの僧兵

天台宗の師弟関係

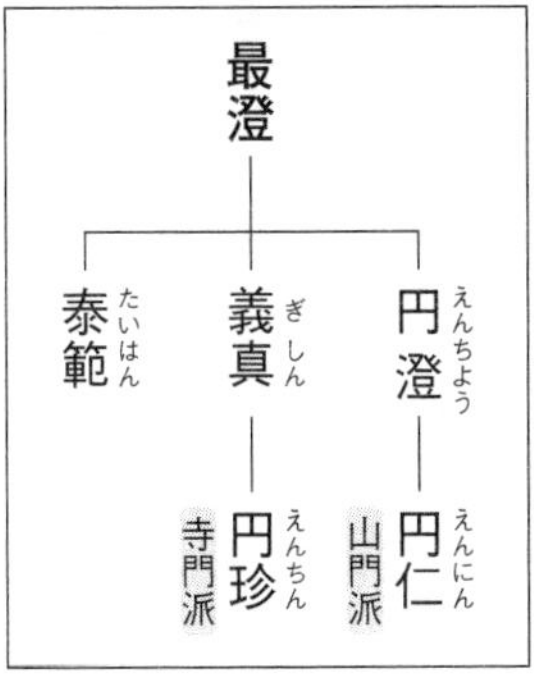

をかかえて勢力を競いあった。次項では、日本の密教の祖といわれる空海についてみていこう。

空海と真言宗

●唐で密教を学ぶ

空海（七七四―八三五年）は最澄と同じく仏教界の革新をめざしながらも、最澄より七歳年下であったため最澄よりかなり遅れて活動をはじめた。

空海は、最澄と同じく八〇四年の遣唐使に加わって中国入りした。そして唐で流行のきざしをみせていた真言宗に興味をもち、真言宗の第一人者といわれる僧恵果《けいか》から密教の秘法をすべて教わった。かれは最澄より一年長く唐にいた。最澄は桓武天皇の後援で天台宗をひらいたが、空海はその二代あとの嵯峨《さが》天皇の信頼を得て真言宗を起こした。

最澄はまじめ一方の人間であったが、空海は仏教のほかに漢詩文や書道に通じた知識人で、人をひきつける社交性ももっていた。かれは奈良の旧仏教と協調しながら新たな教えを広げる方向をとった。

空海は、八一六年に勅許《ちょっきょ》をうけて高野山《こうやさん》を根本道場とした。かれの密教は、秘儀や加持《かじ》祈禱《きとう》を中心とする呪術的なものであったが、その詳細は後（九章）で記そう。

●最澄との決別

最澄は唐である程度の密教の知識を身につけたが、かれは空海の広める最新の密教につよい関心をもった。そこで、帰朝した空海のもとを訪ね、密教経典を借りうけたり、あれこれ教えをうけたりした。

八一二年に最澄は弟子の泰範《たいはん》、円澄《えんちょう》らとともに、空海から灌頂《かんじょう》（入信の儀式）をうけた。しかし、翌八一三年に最澄と空海とは決定的な対立を起こした。これは、空海が『理《り》趣経《しゅきょう》』にもとづく男女関係にかかわる難解な呪術を最澄に教えなかったことによるといわれる。

さらに、最澄の信頼する弟子の泰範が天台宗をはなれて空海のもとに去った。これによって天台宗と真言宗との対立は決定的になった。

このため、前述のように、天台宗の円仁や円珍は、空海の学派と異なる独自の密教の体系をつくろうとしたのである。天台宗も真言宗も、皇室や貴族の個人的な願いをうけてそれを叶える呪術を行なうことによって貴族層の後援をうける方向をとった。

そのため「平安仏教」ともいわれる天台宗、真言宗は、仏の力で国家をまもることを目的とする国家仏教をとる南都六宗と異なる方向の「貴族仏教」とされる。平安時代には、京都のすぐ近くの比叡山に本拠をおく天台宗が、真言宗より優位にたった。

しかし、比叡山などの高位の僧侶が、貴族層の保護につけこんで贅沢にふけったり、僧兵を用いて政治に介入したことを非難する声もあった。これをうけて、次項にあげる、民衆を救おうとする浄土宗などの新たな宗派があらわれてくる。

法然と浄土宗

●念仏を唱えるだけで救われる

阿弥陀仏を信仰して極楽浄土に生まれることを願う浄土思想は古くからあったが、それを民衆に広めたのは比叡山の学僧であった法然《ほうねん》（一一三三―一二一二年）である。

法然は美作《みまさか》国の有力な武士の子に生まれたが、九歳のときに父を亡くした。近くの武士の夜襲をうけて討たれたのである。父は最期にあたって、

「敵を恨まず、出家して仏道を求めよ」

と遺言した。これに従った法然は、一三歳のときに比叡山に登り、人びとを救うみちを探ろうとした。かれは、天台宗の教学を身につけ、法相宗や三論宗の教えも学んだ。

しかし、自分の求めるものはみつからない。しかも一一五六年の保元《ほうげん》の乱以来、比叡山の指導層は僧兵を用いて平氏と反目したり和解したりして、自派の勢力拡大にうつつを抜かしていた。

こういったなかで、かれは浄土教につうじた中国の善道《ぜんどう》という高僧の『観無量寿経疏《かんむりょうじゅきょうそ》』に出合った。法然が四三歳のときのことである。かれはそのなかの、

「一心に専《もっぱ》ら弥陀《みだ》の名号《みょうごう》を念じよ」

という一文にひかれた。これによってかれは、難しい学問や厳しい修行は無用のものだと考えた。「阿弥陀仏」に帰依《きえ》することを宣言する「南無阿弥陀仏」という念仏を唱えるだけで、阿弥陀仏に救ってもらえるというのだ。

●旧仏教による弾圧

自らの開眼《かいげん》をはたしたあと、法然は京都の東山《ひがしやま》の大谷《おおたに》に草庵をひらき、そこで人びとに念仏の修行に専念することを説いた。

天台宗や真言宗の僧侶のように、長年にわたって学問や修行をする必要はない。だれで

新仏教の宗派一覧

宗派	開祖	主要著書	中心寺院
浄土宗	法然	選択《せんちゃく》本願《ほんがん》念仏《ねんぶつ》集（せんじやく）	知恩院《ちおんいん》（京都）
浄土真宗	親鸞	教《きょう》行《ぎょう》信《しん》証《しょう》	本願寺《ほんがんじ》（京都）
時宗	一遍	一遍上人《しょうにん》語録（一遍は死の直前、著書・経典を焼きすてた）	清浄光寺《しょうじょうこうじ》（神奈川）
臨済宗	栄西	興《こう》禅《ぜん》護《ご》国《こく》論	建仁寺《けんにんじ》（京都）
曹洞宗	道元	正《しょう》法《ぼう》眼《げん》蔵《ぞう》	永平寺《えいへいじ》（福井）
日蓮宗	日蓮	立《りつ》正《しょう》安《あん》国《こく》論	久遠寺《くおんじ》（山梨）

も念仏という平易な行法で救われる。このようなわかりやすい教えは、戦乱がつづくなかで不安を抱えた武士や民衆に急速に広まった。

上流貴族のひとり、九条兼実《かねざね》まで法然の弟子になった。しかし、このような教えの広まりは旧来の仏教勢力のつよい反感をかった。法然の行為が従来の学問、修行を否定して大寺院の地位を脅《おびや》かすものとされたのだ。

そのため法然は、一二〇七年に土佐国に流罪にされた。しかし、まもなくかれは許され、京都の大谷に帰ったのちに八〇歳の生涯を閉じた。そして、浄土宗はかれの弟子たちによって広められることになった。

次項では、浄土宗から分かれた浄土真宗についてみていこう。

親鸞と浄土真宗

●お告げに従い法然に入門

親鸞《しんらん》（一一七三―一二六二年）は公家《くげ》の出身であったが、幼いときに父母を亡くした。そのため、早く出家して九歳から二〇年余りにわたって比叡山で学問にはげんだ。かれは、けたはずれの秀才であった。しかし、天台の難解な教学のなかには自分の意に叶うものはなく、権力争いに日を送る比叡山の有力者にも好感がもてなかった。あれこれ悩んだかれは、京都の六角堂にこもって、いく日もすわり仏のお告げを得ようとした。すると何日目かの夢うつつのときに「南無阿弥陀仏」という声を聞いた。それを、念仏を広める法然に従えという仏の教えだと考えた親鸞は、ただちに法然のもとを訪ねた。そして、多くの人を救おうとする法然の考えに共鳴して弟子入りした。一二〇一年のことである。

●流罪で視野が広まる

学問に通じた親鸞は、法然の弟子たちのなかでたちまち頭角をあらわした。しかし一二〇七年に法然が流罪になったさいに、親鸞も越後に流された。公家育ちのかれは地方に下ったときにはじめて、貧しいなかで家族が支えあって働く農民の必死の生き方にふれた。はたして仏は、教育もうけず仏教の知識もないかれらを救うのだろうか。この疑問が起こったときに親鸞は、

「大きな慈悲の心をもつ仏は、はるか昔から学問のない庶民たちを救ってきた」

浄土真宗の広まり

という考えにいたった。運よく法然の説く念仏の教えを知る機会を得た者だけが仏の導きをうけるのではない。「南無阿弥陀仏」は、仏に救いを求める言葉ではなく、すでに救ってくれた仏に感謝するものだ。

こう考えた親鸞は、法然の浄土宗とは別の浄土真宗をひらくことになった。このような親鸞の教えは、悪人であっても生まれたときから仏に救われるべき運命にあるとする「悪人正機《あくにんしょうき》説《せつ》」につながるものである。

さらに、親鸞は女性にふれず魚や動物を食べない僧侶だけが仏の意に沿う者ではないという考えから、自ら肉食妻帯した。親鸞以外の法然の高弟《こうてい》たちは、親鸞のこのような生き方を堕落した破戒行為だと非難し、「自分たち浄土宗の信者と浄土真宗の信者とは別物だ」と主張した。親鸞は、関東でひろく布教したあと京都に帰り九〇歳の生涯を終えた。そのため、浄土真宗は地方の民衆に広くうけ入れられることになった。

次項では、浄土真宗を大きく発展させた蓮如《れんにょ》のはたらきについて記そう。

蓮如と真宗王国

●吉崎御坊の繁栄

浄土系の宗派のなかで早い時期に民衆に広まったのは、浄土真宗である。これは、その開祖の親鸞がわかりやすい教えを広める方針をとったことからくるものである。

そして、浄土真宗は室町時代なかばの蓮如（一四一五—一四九九）の意欲的な布教によって大きく発展した。このため浄土真宗は戦国時代に全盛期をむかえた。

蓮如は、比叡山や臨済宗の諸寺院の勢力のつよい京都に見切りをつけて地方への布教を志した。そのためかれは、文明三年（一四七一）に越前国の吉崎《よしざき》に吉崎御坊《ごぼう》という寺院を建設して布教の拠点にした。そこで蓮如は、学問のない民衆にもわかるように阿弥陀仏の慈悲を教える御文《おふみ》とよばれる手紙を多く発して信仰を広めた。

このおかげで北陸地方から東北地方にかけての地域に住む信者が、吉崎参詣にあつまり、陸海の交通の要地にあった吉崎御坊は寺内町をつくり商業地へとなっていった。

一向一揆の分布

●講《こう》に基づく一向一揆の拡大

蓮如は、信者を月々寄りあつまる講《こう》に組織した。そして、この講が守護大名の支配に不満をもった下級武士層の団結をすすめることになった。やがてかれらは、農民層を味方に取りこみ一向一揆《いっこういっき》を起こした。

一向一揆は真宗王国をつくろうとするもので、そこでは対等な関係にある信者間の合講による政治がなされるたてまえがとられた。この時代の下級武士層が自分たちの宗派を「一向宗」とよんだが、蓮如は「一向宗」の名称を嫌い「浄土真宗」と名のるようにすすめている。

一向一揆は各地に広まり、戦国大名との激しい戦いをくり広げた。最後に一向一揆は織田信長に屈服したが、この時代に浄土真宗の勢力は大きく伸びた。

豊臣秀吉の政略により、浄土真宗は本願寺派と大谷派とに分けられた。そして、豊臣政権以後は浄土真宗の信者が団結して権力者に反抗する事態はみられなくなった。

しかし、室町時代なかば以後にめざましく発展した浄土真宗は、現在でも日本で信者数がもっとも多い宗派になっている。

次項から日本の禅宗の起こりについて記そう。

栄西と臨済宗

●禅定を重んじる

大乗仏教が修行に欠かせない徳目とするもののなかに、禅定《ぜんじょう》がある。それは、心静かにすごすことをさす。

この禅定を重んじる宗派が、インドに起こり中国に伝えられて発展した。この禅宗をひらいたのがインドの高僧達磨《だるま》である。ひたすらすわりつづけるかれの姿をかたどった「だるま人形」は、縁起物として日本人に好まれている。

唐代の中国には臨済宗と曹洞宗のふたつの有力な禅宗の宗派があった。禅宗の考えは最澄によって日本につたえられ、比叡山でも教えられていた。

しかし、最初に本格的に禅に取り組んだのは、平安時代末の学僧栄西《えいさい》（一一四一―一二一五年）である。

かれは一四歳で比叡山に入り、秀才だといわれて、二七歳のときに天台の教義を深めるために中国（北宋《ほくそう》）に渡った。そしてそのとき、禅にひかれたことから、四七歳のときにふたたび入宋し、臨済宗の本流をつぐ僧虚庵《こあん》の教えをうけた。そして、一一九一年に帰国し、臨済宗をひらいた。

●風雅な禅文化の開花

栄西は、旧来の仏教勢力と協調しつつ布教活動を行なった。かれは、禅定はもっとも大切であるが、戒律も必要であり、悟りにいたる学問も欠かせないとした。

この考えから臨済宗には、学問に通じた僧侶が多く出た。かれらは中国文化にもつよい

京都五山・十刹

- 南禅寺《なんぜんじ》
  - ①天竜寺《てんりゅうじ》
  - ②相国寺《しょうこくじ》
  - ③建仁寺《けんにんじ》
  - ④東福寺《とうふくじ》
  - ⑤万寿寺《まんじゅじ》
- 十刹
  - ①等持寺《とうじじ》
  - ②臨川寺《りんせんじ》
  - ③真如寺《しんによじ》
  - ④安国寺《あんこくじ》
  - ⑤宝幢寺《ほうどうじ》
  - ⑥普門寺《ふもんじ》
  - ⑦広覚寺《こうかくじ》
  - ⑧妙光寺《みょうこうじ》
  - ⑨大徳寺《だいとくじ》
  - ⑩竜翔寺《りゅうしょうじ》

関心を示し、漢詩文、儒学、書画なども身につけた。

幅広い知識をもつ臨済宗の禅僧は、密教の学問だけの天台宗や真言宗の学僧より魅力的だった。そこで、新興の武士層が好んで臨済宗の高僧と交流をもち、臨済宗の保護者となっていった。

室町幕府の相談役をつとめた満済《まんぜい》などの臨済宗の政僧もみられた。室町時代に臨済宗は全盛期をむかえ、幕府の保護のもとに京都の南禅寺《なんぜんじ》とその下の五山、十刹《じっせつ》が営まれた。そこでは、枯山水《かれさんすい》の庭園、茶の湯などの禅文化が花ひらいた。

次項では臨済宗と異なる方向をとり、学問より修行を重んじた曹洞宗をみていこう。

道元と曹洞宗

●坐禅そのものが目的

臨済宗は、坐禅を悟りにいたる過程に位置づけた。これに対して曹洞宗は、坐禅そのものを目的とした。

この考えは、中国の禅宗にみられない道元《どうげん》（一二〇〇―一二五三年）が独自にあみ出したものである。

道元は、久我通親《くがみちちか》という有力な公家の子であった。朝廷のさまざまな策謀に関与した通親は権力欲のつよい人物であった。通親は道元が三歳のときに亡くなったが、道元は親の生き方を嫌い無欲に生きようと考え、一三歳で出家した。

かれは比叡山で天台の教学を学んだが、そこの堕落を嫌い一年で山を下りて栄西に弟子入りした。そして栄西の没後二四歳で中国に渡った。

道元は四年にわたって学問にいそしんだが、その間に曹洞宗の流れをひく高僧如浄《にょじょう》のもとで坐禅修行を行なった。

そして坐禅中に、悟りも意義も求めずひたすら坐禅に打ちこむこと（只管打坐《しかんたざ》）が仏そのものになることだとする結論にいたった。

このあと道元は「坐禅によって悟りを得たときの釈尊の境地に行き着いた」と唱えるようになった。

●永平寺四世の瑩山《けいざん》の働き

道元は帰国後、独自の宗派を起こして京都で布教をはじめたが、旧仏教の弾圧をうけた。そのためかれは、越前の有力な武士で信者の波多野義重《よししげ》の招きをうけて越前に下り、永平《えいへい》寺《じ》を起こした。

かれは、「深山霊谷《しんざんれいこく》に居《きよ》し」俗息《ぞくそく》（世俗の生き方）をはなれて坐禅ひとすじにすごすことを説いた。この教えは心を鍛えることを重んじる武士にうけ入れられて各地に広まった。

永平寺の四世（四代目の住職）となった瑩山《けいざん》は、広く布教を行ない多くの寺院を起こした。そして、自派を中国の曹洞宗の流れをひくものとして「曹洞宗」と名づけた。かれが能登《のと》国の総持寺《そうじじ》を活動の拠点としたため、のちに永平寺と総持寺が曹洞宗の中心となった。現在、総持寺は横浜市の鶴見《つるみ》に移っている。

次項では、鎌倉時代末に起こった日蓮宗について記そう。

日蓮と日蓮宗

●『法華経』こそが釈尊の教え

鎌倉時代末に日蓮（一二二二―一二八二年）が、浄土系の宗派とも禅宗とも異なる新たな信仰を起こしている。かれは安房《あわ》国の漁民の子で、一二歳で地元の清澄寺《きよすみでら》に入り一六歳で出家した。

日蓮は、ほかの新仏教の開祖のような有力寺院比叡山で学んだ選良《せんりょう》（エリート）ではなかった。庶民出身であったために、かれは有力な師匠に出会えず自力の考えで仏と向きあわなければならなかった。

日蓮は南都六宗、天台宗、真言宗、浄土系の宗派、禅宗をつぎつぎに学んだが、どれにも満足できなかった。そして最後に、

「『法華経』が釈尊の教えの真髄《しんずい》である」

という考えにいたった。この信念を得たかれは、三四歳のときから鎌倉で独自の教えの布教をはじめた。日蓮はわかりやすく法華経の教えを説き、『法華経』のていねいな呼び方

である「妙法蓮華経《みょうほうれんげきょう》」の前に「南無《なむ》」を付けた「南無妙法蓮華経」をお題目として唱えることをすすめた。

●社会の変革をめざす宗教

日蓮はほかの宗派を激しく攻撃したことによって、鎌倉幕府に伊豆国に流された。かれはいったん許されたのちにも熱心に布教をつづけたので、今度は佐渡《さど》国へ流罪になった。そして佐渡から戻ったあとでようやく甲斐《かい》国の身延山《みのぶさん》に落ち着いた。

日蓮宗はこの身延山を本山として、商工民などの間に広まっていった。日蓮宗は個人の心の救いを求めるとともに、『法華経』の理想にもとづいて社会や国家を変えていくことを信者に説くものである。

これが実現されれば、だれもが『法華経』を信じ、人びとが信頼しあい助けあう「法華王国」がつくられることになる。しかし、現実には多様な信仰や理想をもつ人びとをひとつにまとめるのは難しい。

そうであっても『法華経』の考えにもとづいて、人助けを生きがいとした日蓮宗の信者もいる。そう

日蓮宗の広まり

いった人びとのなかで宮沢賢治の名はよく知られている。また同じ法華の信者どうしということで、日蓮宗の信徒集団が個人の利害を超えて互いに助けあう団体になることもある。

こういった性格によって、日蓮宗はほかの宗派の有力な僧侶の攻撃をうけながらも、じわじわと広がっていった。次項では、日蓮宗と同じころ起こった時宗についてみていこう。

一遍と時宗

●熊野権現のお告げ

鎌倉時代末に出た一遍《いっぺん》（一二三九―一二八九年）は浄土宗や浄土真宗と異なる、よりわかりやすい浄土の教えを説いた。かれは、既存の宗派との対立をさけるために、無欲にすごし、全国各地をめぐり仏教の恩恵をうけたかった人びとに仏の教えを説いてまわった。

一遍は、伊予《いよ》国の河野《こうの》家という有力な武士の出身である。かれは幼時に出家して、比叡山で学んだ。このあと九州の大宰府《だざいふ》で浄土宗の教えをうけ、極楽往生の考えにひかれた。これによって一遍は各地の寺院で念仏修行をするようになったが、そのなかで浄土宗に疑問をもちはじめた。

一遍が遍歴した諸国

「浄土宗の有力な僧侶のなかには信者をふやし自己の勢力拡大をはかる者が多いが、そのような俗物について行く浄土宗の信者だけが、阿弥陀仏に救われるのだろうか」

という疑問である。かれはあれこれ悩んでいるなかで、三六歳のときに、熊野権現《くまのごんげん》の夢のお告げを得た。

「人びとを救う『南無阿弥陀仏』の名号《みょうごう》のはたらきを信じ、雑念をはなれ清らかに生きよ」

というものだ。これによって悟りを得た一遍は新たな宗派を起こすことになった。

●身ひとつでの布教の旅

一遍は、浄土宗の一員として得た地位も財産も捨て、教本さえ持たずに旅に出た。自ら念仏を唱え、人びとにも念仏をすすめてまわったのだ。かれはこう唱えた。

「すべての人が阿弥陀仏によって救われることは、すでに決まっている。その喜びをかみしめて念仏を唱えなさい」

やがて時宗の信者の間で、その喜びを体で表現する踊り念仏が自然発生した。一遍の教えは多くの人の心をとらえた。しかし、無欲な一遍は寺院をもたず一か所に定住せず、質素な衣服で旅をつづけた。

時宗の第五世の安国《あんこく》のときになってはじめて、相模国《さがみ》藤沢《ふじさわ》の清浄光寺《しょうじょうこうじ》がつくられ、時宗の大本山とされた。このあと時宗でも寺院がつくられるが、時宗には一遍の質素な気風がつよくうけつがれている。次項では鎌倉新仏教より遅れるかたちで江戸時代に起こった黄檗宗《おうばくしゅう》についてみていこう。

隠元と黄檗宗

●臨済宗との密接な関係

江戸時代はじめにあたる一六五四年に、中国の明《みん》朝の高僧隠元《いんげん》（一五九二―一六七三年）が日本に招かれて起こした宗派が、禅宗のひとつである黄檗宗である。隠元は隠元豆を日本にもたらしたことでも知られる。この黄檗宗は、明代の禅寺で育成された新たな文化をいくつか日本にもちこんだ。

室町時代に京都を中心に禅文化が繁栄したが、それは宋代の臨済宗の文化をうけついでつくられたものである。宋代の禅文化と明代の禅文化のちがいはあるが、黄檗宗は臨済宗ときわめて近い関係にある。

中国の唐代に、黄檗山の禅道場にいた希運《きうん》という高僧が黄檗宗をひらいた。そしてかれの弟子のひとりの臨済義玄《りんざいぎげん》が臨済宗を起こしたが、臨済宗はのちに大いに栄えた。そのため、黄檗宗までが臨済宗の一派のように考えられるようになったのである。

●万福寺をひらく

江戸時代はじめに、中国との貿易がさかんだったために、中国人の商人によって長崎に、興福寺《こうふくじ》、福済寺《ふくさいじ》、崇福寺《すうふくじ》の三寺が建てられていた。このなかの興福寺が隠元を日本に招いた。

当時の日本では、明代の新たな禅文化を学びたいとする声がつよかった。そこで、長崎の隠元のもとに多くの禅僧があつまった。この動きをみて京都の有力な禅寺のひとつである妙心寺《みょうしんじ》が隠元をむかえようとしたが、臨済宗の有力者の多くはそれに反発した。

かれらのもつ宋の禅風と、隠元が修めた明の禅風とが異なっていたからである。そのため日本の臨済宗は隠元の禅を臨済宗として認めなかった。その結果、隠元の一派は新たに黄檗宗をひらかざるを得なかった。

隠元は一六六一年に江戸幕府から宗派を起こす許可を与えられ、徳川家から寄進《きしん》された宇治の土地に万福寺《まんぷくじ》を建てた。これが黄檗宗の総本山である。この万福寺と長崎の崇福寺には、竜宮城のような意匠《いしょう》の中国風の山門がある。黄檗宗の寺院の建物は、日本の他宗の寺院とちがう赤色の色彩を多く用いた中国風のつくりをとっている。

次項からは、現在の日本でよく知られた宗派とは異なる、権力者から異端として弾圧された諸宗派をみていこう。

真言立川流と呪術

●神秘主義の新宗教

真言立川流《しんごんたちかわりゅう》は、奇怪な呪術を行なうものとして恐れられた一派である。

真言立川流は、真言宗から派生したものであるが、それは学問を重んじた真言宗とは似ても似つかぬものになっていた。

立川流では、骸骨《がいこつ》を祭壇にまつり、その前で男女が交わる呪術が行なわれた。それによって憎い相手を呪い殺せたり、思いもよらぬ幸運をひきよせることができるとされたのだ。この呪術は、空海が中国からもたらした『理趣経《りしゅきょう》』という経典の教えを自己流に解釈してあみ出された。『理趣経』は男女の交わりによる人類の繁栄をすすめ、男女の愛を深めるための呪術などについても記すものである。立川流をひらいた仁寛《にんかん》という僧侶は、宮廷の政争で伊豆に流された人物である。かれは、皇族に仕えるすぐれた学僧であったが、白河法皇の策略で罪もないのに宮廷を追われた。

●後醍醐天皇に信任された文観

仁寛は、伊豆で庶民相手の呪術で生業《なりわい》をたてている武蔵国立川《たちかわ》出身の陰陽師《おんみようじ》に出会った。これをきっかけにかれは学問を捨てて、呪術の研究に打ちこみ、新たな宗派を起こしたのである。

立川流は、現世利益を求める東国の民衆に急速に広まった。そして、鎌倉時代末に立川流を身につけた文観《もんかん》という政僧が出た。かれは、後醍醐《ごだいご》天皇に呪力を用いて鎌倉幕府を滅ぼすようにすすめた。このため天皇は、自ら呪術を手がけ天皇政治の実現をめざした。鎌倉幕府が倒れたあと、後醍醐天皇は自ら親政を行ない、文観を重用した。しかし、まもなく足利尊氏が天皇を吉野に追い室町幕府をひらいた。

このあとの室町幕府の弾圧によって、真言立川流は歴史の表面からは姿を消した。しかし、この後も呪力で夢を実現しようともくろむ庶民たちはつねに新たな呪的信仰を求めつづけた。

そのためこれ以後にも、「拝《おが》み屋」などとよばれる怪しげな民間の宗教家が多く活躍した。そういったなかに、庶民の人気とりのために、金をかけずに信者に快楽を与えることのできる乱交などの性的儀式をひらく者もかなりいた。これに関連してつくられた色気をふりまく仏像や、性器をかたどった石造物も、多くつたえられている。

しかし、個々の拝み屋が政治に関与せず大きな組織をつくらなかったので、支配者は民間の正統でない信仰を許容した。

次項では、組織ぐるみ江戸幕府の弾圧をうけた不受不施派《ふじゅふせは》をみていこう。

日蓮宗の不受不施派

●日蓮宗の内部対立で異端扱いに

日蓮は他宗を激しく攻撃し、自派の信者は他宗の僧侶に施しをしてはならず、自派の僧侶は他宗の信者の施しをうけてはならないとした。これを「不受不施」という。

しかし、日蓮宗が発展していくなかで権力者の保護をうけて自派の勢力を拡大していこうとする日蓮宗の僧侶があらわれてきた。かれらは、「王侯」の布施は格別なものとして受けるべきだとして「受不施」を唱えた。

そのため、戦国時代に日蓮宗内部であくまでも教祖の考えを重んじていこうとする不受不施派と、多数派となった受不施派との対立が高じていった。

徳川家康はこの争いをしずめるために、慶長四年（一五九九）に大坂城に不受不施派と受不施派の代表者をよんで対論を行なわせた。そして、そのとき不受不施派を異端とする裁決を下し、かれらの指導者である日奥《にちおう》を対馬に流刑にした。これ以後、不受不施派への弾圧が行なわれることになった。

●幕府による弾圧と地下潜行

幕府が日蓮宗の勢力拡大を防ごうとして、不受不施派と受不施派との対立をあおったともいわれる。信者の排他的な団結を重んじて権力者との妥協を拒否する日蓮宗の過激な信者は、幕府支配の大きな障害となるものだったからだ。

幕府支配が整備されていくなかで、すべての庶民を寺院の檀家《だんか》として宗門帳《しゅうもんちょう》に登録する寺請《てらうけ》制度がととのえられていったが、不受不施派寺院の寺請は禁じられた。そのため、不受不施派の信者はキリシタンと同じく宗門帳外の非合法なものとされることになった。

この動きのなかで、不受不施派から受不施派へと宗旨《しゅうし》がえをした者もいる。また、うわべは受不施派の信者をよそおい、かげでは不受不施派の仏事を行なう者や、あくまでも不受不施派の立場を貫き、地下に潜行する者もいた。

かなりの人数の不受不施派の信者が、江戸時代を通じて無宿者として江戸幕府の支配の外で排他的な生活をしていた。そうであっても、幕府も諸藩も実害のないかれらを武力で滅ぼそうとはしなかった。

幕府支配には、このような柔軟な面もあった。次項では不受不施派と同じく非合法とされたかくれ念仏についてみていこう。

浄土真宗のかくれ念仏

●島津家による浄土真宗の弾圧

戦国動乱のなかで、各地の浄土真宗の信者が一向一揆を起こして権力者と対立した。しかし、織田政権から豊臣政権にかけての時期に、浄土真宗の本山である本願寺は権力者に屈服し、浄土真宗の諸寺院は権力者の保護をうけるようになった。

しかし薩摩藩だけは、江戸時代末まで浄土真宗の弾圧をつづけた。これは、藩主の島津家が浄土真宗の主張を嫌ったことによる。身分制を重んじる島津家は、阿弥陀仏の手でだれもが平等に救われるとする浄土真宗の教えを、武士と農民との差別を否定するものととらえたのである。さらに、豊臣秀吉が九州で自立していた島津家を従えるために九州遠征を行なったとき、肥後との国境にある長島《ながしま》の浄土真宗の信者が豊臣方の道案内をつとめた。これが、島津家の浄土真宗に対する憎悪《ぞうお》を高めたともいわれる。

●お講で広まった信仰

島津家は、江戸幕府成立の六年前にあたる慶長二年（一五九七）になって浄土真宗を禁止する法令を出した。浄土真宗はそれ以前にすでに島津家領にかなりの広まりをみせていた。そのため一度の禁令では、民衆が代々うけついだ信仰を変えることはできなかった。

浄土真宗の寺院は廃寺となったが、信者たちは二、三集落単位で夜に土蔵の二階や集落の近くの洞穴《ほらあな》にあつまって念仏を行なった。

さらにこのような組織の上に、多町村にわたるお講《こう》が組織された。このお講は、立派な本尊や仏具をもっていた。それらは長持《ながもち》に入れられ、信者のあつまる集落を一定期間をおいて持ち回られた。このようなお講を中心とする信仰は「かくれ念仏」とよばれた。

薩摩藩に浄土真宗の僧侶はいなかったが、講頭《こうがしら》などとよばれるお講の指導者たちの手で信者の組織は維持された。藩の弾圧にもかかわらず、薩摩藩領の浄土真宗の信者の数はじわじわと増加している。

幕府は浄土真宗を公認する方針をとるいっぽうで、島津家の浄土真宗禁教策をうけ入れた。そして、島津家はある程度信者を取り締まったが、その浄土真宗に対する禁令は充分な効果を上げなかった。近代以前の宗教政策は、このようなあいまいなものであった。それゆえ日本は近代化とともに、信教の自由をとらざるを得なくなるのである。

次項では、日本の近代化と深くかかわる明治時代はじめの神仏分離について説明しよう。

神仏分離と仏教界の近代化

●廃仏毀釈の嵐

江戸時代までの寺院は、ひとつの地域の文化の中心であった。僧侶は仏教の布教や葬礼を行なうとともに、子供たちの教育や地域の人びとのさまざまな相談相手をつとめた。

とくに地域の人びとには、かれらのもつ知識が貴重であった。医者のいないところでは、僧侶が病人に薬を与えたりしていた。江戸時代以前の神社の多くも、寺院と同じく社僧という僧侶を抱えて民衆の世話を担当させていた。

しかし、明治維新の時期に西洋のすすんだ文明が入ってきたため、僧侶のもつ知識が不要なものになってしまった。このため、「神社の社僧はいらない」という神職たちの声をうけて、明治元年（一八六八）に政府の神仏分離令が出された。

これにもとづいて神社のもつ仏像、仏具が破棄され、社僧は職を失い還俗《げんぞく》させられた。このありさまをみていた民衆が「仏教は時代遅れだ」と考え、一部の寺院を破壊した。また当時、地方政治に当たっていた藩のなかでも、廃寺や合寺をすすめるものもあった。

このときの仏教界への攻撃が、「廃仏毀釈《はいぶつきしやく》」とよばれる。

●寺院再興を訴えた僧侶たち

廃仏毀釈は数年でおさまった。そして、そのあと、近代的な学校制度がととのえられ、西洋の技術や学問が全国に普及していった。

寺院が地域の文化の中心であった時代は終わったが、有力な寺院は信仰の場、檀家の葬礼の場としてつづいた。廃仏毀釈のなかで廃された寺院は多いが、それは、寺院が教育機関としての役割を失ったことに対応するものであった。

廃仏毀釈がほぼおさまった明治五年（一八七二）に、政府は僧侶の肉食、妻帯禁止を解く法令を出している。これは、政府が寺院に対する国家管理と保護を放棄する方向に向かうことを宣言したものとされる。

この動きのなかで、仏教の旧弊を反省して仏教界を革新せよと主張する僧侶がいく人もあらわれた。島地黙雷《もくらい》、渡辺雲照《うんしょう》、福田行誡《ぎょうかい》などである。かれらは、このまま規制がなくなっていくと僧侶が俗化していくという危機感をもっていた。

かれらの呼びかけによって、真剣に学問や修行に取り組むことで民衆の寺院に対する信頼を取り戻そうとする僧侶があらわれた。そして、かれらの意欲的な布教や社会福祉事業、ヨーロッパの学問をとり入れた仏教研究などを通じて、明治時代なかば以前には仏教のよさが再確認されていった。

本章で日本の多様な宗派や仏教の歴史について説明したが、次章では仏像について説明しよう。日本ではさまざまな仏がまつられているが、そのなかには阿弥陀仏のように特定の宗派と深くかかわるものも多い。

6章

如来、菩薩、天部、明王…。仏さまと日本人の意外な関係とは

●性格も様々な仏像たちのプロフィール――

仏像の起源と種類

●ガンダーラの釈迦像

釈尊は入滅のときに、

「自分が亡くなったあとは法（真理）を拠《よ》りどころにせよ」

と遺言した。そのため仏教が起こった当初は、釈尊の像をつくって拝むことは思いもよらぬことであった。

しかし、釈尊の入滅後に、釈尊の生涯にまつわる四大聖地（35ページの地図参照）を巡礼することがさかんになった。そして、聖地をはじめ各地で仏塔が建てられた。

さらに、釈尊のお姿を写すのは恐縮であるから釈尊の足跡をしのぼうとする仏足石《ぶっそくせき》もつくられるようになった。それは石に足跡を彫ったもので、日本では奈良の薬師寺にある足跡と和歌を刻んだ仏足石がよく知られている。

釈尊の入滅後、五、六百年を経た一、二世紀に、インド西北部からアフガニスタンを支配したクシャーナ朝にはじめて釈尊の像があらわれた。それはギリシャの神像にならったものであるが、クシャーナ朝の仏教は釈尊の説いたものと多少異なるかたちに発展した大乗仏教であった。

釈迦像は釈尊の顔かたちを忠実に伝えるものではなく、ギリシャ彫刻に似た鼻筋の通った顔をしている。仏像の誕生によって、経典を読まぬ人でもふれることのできる「視《み》る仏教」がはじまった。

●四種類に分かれる仏像

これまでに多様な仏像がつくられ、現代までまつられてきたが、それらは、上の図に示したように四種類に大別される。

釈尊および釈尊と同様に真理に到達しているさまざまな仏陀をかたどったものが如来《にょらい》像である。これが仏像の最上位にくる。

ついで修行中で、もうすぐ仏陀になれる者が菩薩《ぼさつ》像としてまつられる。経典のなかに登場する菩薩のほかに、奈良時代に民間に布教して社会事業を行なった行基《ぎょうき》菩薩のように歴史上で菩薩とあおがれた高僧も菩薩像としてまつられる。

仏像の種類

如来《にょらい》像	釈迦如来、薬師如来など
菩薩《ぼさつ》像	観世音《かんぜおん》菩薩、弥勒《みろく》菩薩など
天部《てんぶ》像	帝釈天《たいしゃくてん》、弁財天《べんざいてん》など
明王《みょうおう》像	不動《ふどう》明王、孔雀《くじゃく》明王など

ついで、下に「天」のつく仏像が天部《てんぶ》像である。これは主に仏像がつくりはじめられたころのインドの民間でまつられた神々からなる。このようなバラモン教にもとづく神々も、仏教の守護神とされた。

このほかに密教特有の明王《みようおう》像がある。これは教化しにくい民衆を脅かし悟りをひらかせようとする恐ろしい仏とされる。

次項では、仏教の根本とされる釈迦像についてみていこう。

如来像を代表する釈迦如来像

●質素な姿が意味するもの

悟りをひらいて如来となった釈尊をまつるためにつくられたのが、釈迦如来像である。如来像は、ほかの仏像と異なり質素な姿をしている。体に装飾品がまったくみられず、出家者が用いる衲衣《のうえ》という粗末な衣服だけをつけている。

これは、悟りをひらいた者は一切の欲をはなれた境遇にあるという主張をあらわしたものである。仏教には、釈迦だけがこのような如来になれるとする説と、そうではないとす

仏とは何か

現身説《げんしん》 (生身説《しょうじん》)	釈尊一人だけが仏法を説く主体である仏とする
法身説《ほうしん》	釈尊は仏法の象徴的存在であり、仏の教えである仏法が仏そのものだとする
応身説《おうじん》	仏法が仏であるが、仏は必要に応じて人間の世界にさまざまな人間の姿であらわれるとする

る説とがある。

●大乗仏教の多様な如来像

「仏教には八万四〇〇〇の法門《ほうもん》がある」といわれる。これは、仏教が多様な教義のものに分かれたことをあらわすものであるとともに、仏教はどこから入っても最終的に悟りに行き着ける寛容さをもつことを示す言葉である。

そして、仏教のさまざまな信仰は、上の図に示したような現身《げんしん》説（生身《しょうじん》説）、法身《ほうしん》説、応身《おうじん》説に分かれている。

上座部仏教は釈尊だけを仏陀とする現身説にたつので、前にも述べたように上座部仏教の広まった地域では釈迦如来像だけがつくられた。

それに対して大乗仏教をとる地域では、多様な如来像がつくられた。

さまざまな如来は釈尊の分身ともされるが、仏法そのものを如来とする考え方もある。

次項では、そのなかで日本でひろくまつられた薬師如来と大日如来をとり上げよう。

薬師如来と大日如来

●病に苦しむ人を救う薬師如来

奈良の薬師寺などでまつられる薬師如来は、正式名を「薬師瑠璃光《るりこう》如来」という。この仏は主に体の病気をなおしてくれる仏像として信仰されている。

薬師如来は、人びとを救いたいとする釈尊の現世的な御利益を象徴するものとされる。

薬師如来（釈尊）が修行中の菩薩であったときに一二の大願をたてた。このなかに「除病《じょびょう》安楽《あんらく》」があった。それは、つぎのようなものだ。

「体が不自由であったり、重病に悩む者が、私の名を聞けば必ず体がよくなり、病気がなおるようにしよう。名医、妙薬のなおせない病気を私の力で退散させよう」

この話にもとづいて釈尊の病人を救う機能が薬師如来として信仰されるようになった。

さらに、薬師信仰の発展のなかで、釈迦如来と薬師如来とは別々の仏ではないかとする説もあらわれた。

●〝諸仏の王〟大日如来

大日如来は、密教で「諸仏の王」とされる仏である。宇宙の真理を象徴するものともいわれるが、その詳細は後（九章）で記そう。

密教では、あらゆる仏（如来）も菩薩も、この大日如来から出たものだと説く。つまり、釈尊までも、大日如来という真理の仏のひとつのあらわれ（仮の姿）にすぎないというのだ。

日本の密教寺院にみられる大日如来は、王子だったころの釈尊の姿をかたどったものだとされる。ゆえに大日如来像は、若くて美しい男性の顔をしている。密教ではこの像についてこう説かれている。

「大日如来はすでに悟りをひらいた仏であるが、その像は、釈尊が悟りにいたりながら自らは俗世間にあって人びとを教え導く姿をあらわすものである。ゆえに大日如来は如来であっても菩薩の姿をとる」

この考えから大日如来は、宝冠、胸飾りなどをつけた姿をしている。

次項では、浄土系の宗派がまつる阿弥陀如来についてみよう。

阿弥陀如来の救い

●阿弥陀如来と釈尊の関係

阿弥陀如来は、浄土三部経（55ページの表参照）で重んじられた仏で、人びとを極楽往生に導くものとされている。この阿弥陀如来は釈尊そのものではなく、釈尊の教えをわかりやすく人びとにつたえるために人格化された仏だとされる。

そこから、阿弥陀如来とは仏法そのものであり、それを信仰するすべての仏教徒が阿弥陀仏だとする説もつくられた。浄土真宗を起こした親鸞や時宗をひらいた一遍は、この説にもとづいてすべての人間がすでに阿弥陀仏に救われていると主張した。

●雲に乗って死者を迎えにくる仏

阿弥陀如来像は、古代インドのひとりの国王の姿をかたどってつくられたとされる。これは浄土三部経のひとつ『無量寿経《むりようじゆきよう》』のつぎの話にもとづくものである。

「はるか昔に王位を捨てて、世自在王《せじざいおう》如来の教えをうけて四八の誓願をたてて修行した者がいた。かれはその修行のおかげで極楽往生したのちに、あらゆる人びとを救う仏である

阿弥陀如来の救い

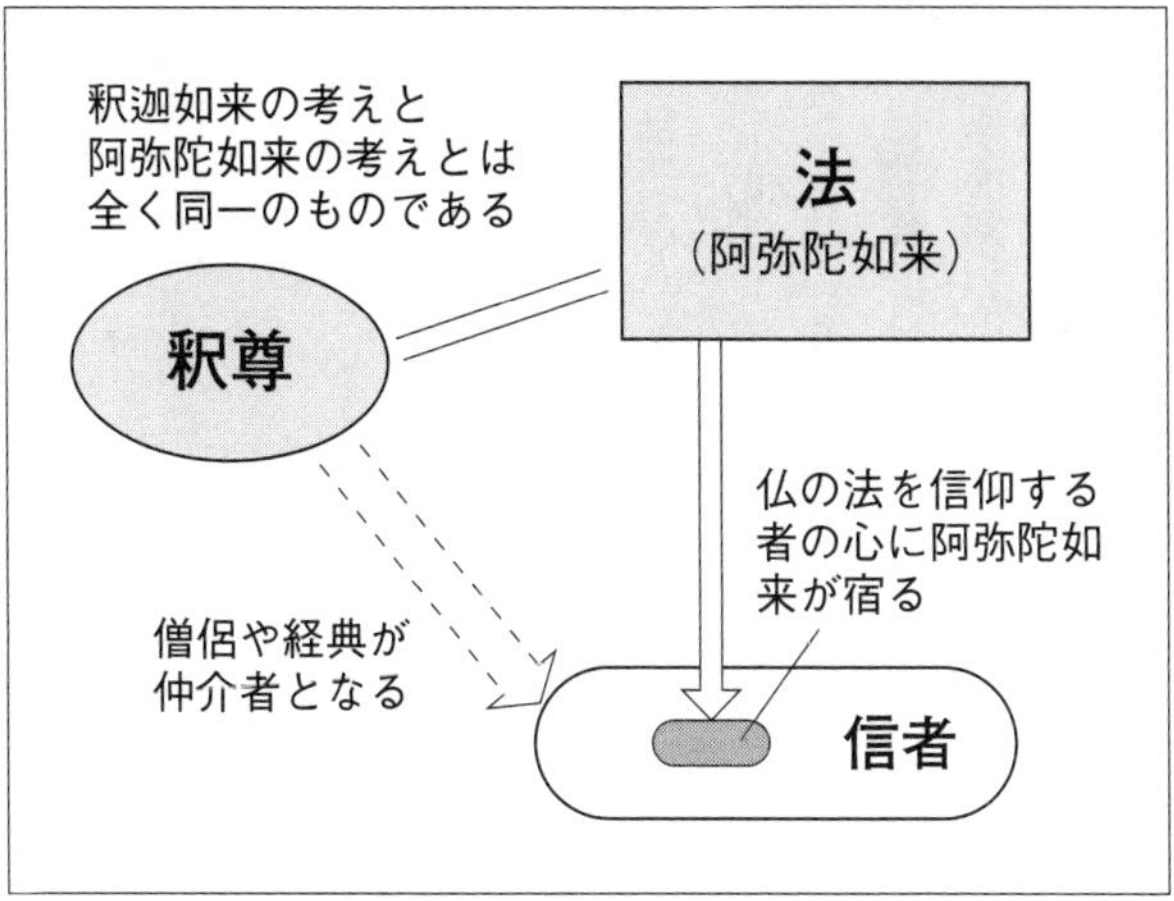
釈迦如来の考えと
阿弥陀如来の考えとは
全く同一のものである
法
（阿弥陀如来）
釈尊
仏の法を信仰する
者の心に阿弥陀如
来が宿る
僧侶や経典が
仲介者となる
信者

阿弥陀如来になった」

阿弥陀如来の「阿弥陀」は、「あらゆるものを照らす光」をあらわす。この名前にあらわされるように、阿弥陀如来はすべての人を助けるとされた。

日本で浄土信仰がさかんになると、雲に乗って死者を迎えにくる阿弥陀如来を描く「阿弥陀来迎《らいごう》図《ず》」が多くつくられるようになった。

阿弥陀如来は多くの菩薩と聖者を引き連れて、極楽から迎えにくるが、如来に従う菩薩たちも、もとは阿弥陀信仰によって極楽往生した人びとだとされる。

このような阿弥陀信仰が、貧困や戦乱、天災に苦しむ中世の日本の庶民の大きな救いになったことはまちがいない。

次項では、情け深い仏として中世の民衆に親しまれた観世音菩薩についてみていこう。

観世音菩薩の慈悲

●菩薩の身づくろい

如来像は、悟りにいたった者の気高《けだか》い表情をしている。これに対し、菩薩像の顔は人間的な温かみのある形につくられている。これは、菩薩は悟りの中途の人間に近い位置にいるとする考えからなされたものである。

悟りをひらいた如来には飾りは不要であるが、迷いの中にいる世俗の人びとに接する菩薩は俗世的な飾り物を身につけているとされる。そのため菩薩像は、頭髪に櫛目《くしめ》を入れ、髪を美しく結いあげ、宝冠、首飾り、腕輪などを身につけたかたちをとる。

さらに菩薩像は、おのおのが与えられた役割に応じて、それぞれ異なった持ち物、乗り物、台座を用いている。

●性を超越した存在の菩薩

人びとに人気のある菩薩像は多い。これはそれらが人間に身近な雰囲気をもち、美しくつくられていることからくる。

とくに柔和《にゅうわ》な表情の観世音菩薩像は、やさしい母親のように慕われている。観音像の顔は、女性の顔のようにみえる。

しかし、観世音菩薩は女性でもなく男性でもない。中性でもなく、性を超越した存在だとされる。

観世音菩薩は、この世にあらわれて人びとを災害や恐怖から救ってくれるといわれる。そのためどんな災難にあったときでも、『観音経《かんのんきょう》』を念じれば菩薩に助けてもらえるとされる。

中世に仏教が民衆に広まると、人びとが日常の不安から逃れるために観世音菩薩をまつるようになり、観音信仰が広まっていった。

そして天満宮（天神社）の祭神とされた菅原道真《すがわらのみちざね》は、観音さまが人間の姿で仮にあらわれたものだと信じられるようになった。

これより、観音信仰が菅原道真をまつる北野天満宮（京都府）から地方への天神信仰の広まりと結びつくかたちで、天神信仰をとる商工民の手で各地に普及していった。さらに、そのあと観音霊場をめぐる巡礼が流行した。このように観音信仰は、商工業や交通の発展

多様な観音像

十一面観音《じゅういちめん》	さまざまな表情で人びとに語りかけ仏道に導く役割をあらわす
千手《せんじゅ》観音	千の手に一つずつ目をもち、多くの目で人びとに目を配り、多くの手で人びとを助ける役割をあらわす
如意輪《にょいりん》観音	苦しんでいる人びとのことを思案して心配するありさまをあらわす
馬頭《ばとう》観音	馬のように人間の煩悩をむさぼり食って人びとを救う役割をあらわす
不空羂索《ふくうけんじゃく》観音	羂索（網と釣り糸）をもって人びとを救いだす役割をあらわす

と深くかかわっているのである。

●千変万化の観音像

天神さまは十一面《じゅういちめん》観音だとされるが、そのほかにも、千手《せんじゅ》観音、如意輪《にょいりん》観音など多くの種類の観音像がある。

これは、人びとがその願いに応じてさまざまな観音像をつくってきたことによるものである。

「観音」とは、人びとの願いの声の音を、ただ聞くだけでなく本質を観《み》て、より親身になって助けるありさまをあらわす言葉である。

ただ願ったことを叶えてくれるのではなく、その悩みの背景を見通したうえで、当人にもっとも役に立つ解決策を考えてくれるのである。

　私たちもだれかの頼みごとをうけたときに、この観世音菩薩のように相手の話を充分聞いて、その立場を理解して手を貸してやるべきである。『観音経』はそう教えているように思える。

　次項では釈尊の別の姿とされる、弥勒《みろく》菩薩について記そう。

弥勒菩薩と地蔵菩薩

●弥勒菩薩は「未来仏」

　弥勒菩薩は、日本人に人気のある仏のひとつである。この弥勒菩薩は、悟りをひらく前の釈尊をあらわすもので、その菩薩は、釈尊入滅の五六億七七〇〇万年後につぎの仏となってこの世を救う「未来仏」だとされる。

　弥勒菩薩は、はるか彼方《かなた》の仏が住む世界、須弥山《しゅみせん》の上部にある兜率天《とそつてん》で思惟《しい》（考えごと）をしながら地上に下りる日までの日を送っているといわれる。

　そのため日本では、弥勒菩薩が腰かけて右足を左の膝《ひざ》にのせて思惟している弥勒菩薩の半跏思惟《はんかしゆい》像が多くつくられた。

京都の広隆寺《こうりゆうじ》にある飛鳥時代の半跏思惟像は、その代表的なものである。日本の弥勒菩薩は考えごとにいそしむ知的な顔をしているが、現在の中国でまつられている弥勒菩薩の姿はこれと大きく異なる。

でっぷり太って腹が出た体形をして、ほおの豊かな福相をして笑っている弥勒像が多くみられるのだ。それは七福神のなかの布袋《ほてい》さまによく似ている。これは、弥勒菩薩と道教の福の神とが融合してできたものである。現在の中国の寺院では、このような弥勒像を本尊として現世利益を説くものが多い。

●子供をまもる地蔵菩薩

地蔵菩薩は、釈尊の入滅から弥勒仏の出現までの期間、仏のかわりに人びとを救うためにあらわれた菩薩だといわれる。地の宝を意味する「地蔵」の像の温かい表情は、大地が種子を差別なく成長させるように、分けへだてなく人びとを救うありさまをあらわすものである。

地蔵菩薩は、六道輪廻《りくどうりんね》の苦しみから救ってくれる菩薩ともされる。父母より先に亡くなった幼い子供が、地獄の賽《さい》の河原で苦しんでいても父母は助けにきてくれない。そのときに親がわりになって子供を救うのが地蔵菩薩である。

お地蔵さまは子供の味方なのである。この考えから夏にひとつの地域の子供たちがあつまって地蔵菩薩をまつる地蔵盆がつくられた。このように菩薩は如来より細かい気づかいをして人びとを救うものとされるのだ。

次項では、菩薩とちがい恐ろしい仏とされる天部をみていこう。

多様な天部の仏

●蓮華《れんげ》に乗れない仏像

天部は多様なものからなる。帝釈天《たいしゃくてん》のような古代インドの神から、雨をつかさどる竜神である竜王《りゅうおう》、太陽と月を神仏化した日天《にってん》、月天《がってん》など、あげていくときりがない。

それらはすべて、仏教を守護する役割を与えられている。しかし、天部の像は如来や菩薩のように蓮華座《れんげざ》というハスの華の台座に乗れない。かれらの像は、荷葉座《かようざ》というハスの葉の部分か、岩座という岩に乗るかたちをとっている。

さらに天部の像は、与えられた仕事にふさわしい格好をしている。武将である持国天《じこくてん》は、剣や鉾《ほこ》を帯び、文官や芸術家の仏はそれらしい道具をもつ。たとえば広目天《こうもくてん》は筆と経巻《きようかん》をもち、弁財天像は琵琶を抱えている。

また、動物や鳥を神格化した天部の像で、鳥の頭をしたものやゾウの体をしたものもある。

●まとまって一つの役割を受け持つ

天部は、もとは個々の独立した神様であった。そのなかには、弁財天、大黒天、毘沙門天《びしやもんてん》などのように、日本の神様のひとつとしてまつられるようになったものもある。

しかし、天部の像には二、四、八、一二といった複数でまとめてつくられたものが多い。仏の四方をまもる武将の神像を、四天王の像の形でまとめてつくってまつるようなかたちである。

天部のなかのブラフマン（18ページ参照）を神格化した梵天《ぼんてん》と、須弥山の弥勒菩薩がいるところの少し下にある忉利天《とうりてん》にいるとされる帝釈天は、とくに有力な神とされる。しかし、それ以外の主だった天部の多くは、四天王、八部衆、十二天、十二神将《しんしよう》といった、まとまって一つの役割を果たすものとしてまつられている。

仏像のなかでもっとも数が多いが、比較的軽い扱いをうけているのが天部である。

まとまって一つの役割を果たす天部

◉四天王（東・西・南・北の四方を守る武将）

●持国天《じこくてん》＜東＞　一般に剣や鉾をもつ
●広目《こうもく》天＜西＞　一般に筆や経巻をもつ
●増長《ぞうちよう》天＜南＞　一般に剣や鉾をもつ
●多聞《たもん》天＜北＞　一般に塔や棒をもつ

◉八部衆（釈尊を囲んで伝法を守護する各界の代表八者）

●天（天の諸神を全体として表す）
●竜《りゆう》王（雨をつかさどる竜神）
●夜叉《やしや》王（鬼類の代表）
●乾闥婆《けんだつば》王（音楽の神）
●阿修羅《あしゆら》王（戦いの神）
●迦楼羅《かるら》王（竜を食べる鳥神）
●緊那羅《きんなら》王（歌をつかさどる神）
●摩睺羅伽《まごらか》王（蛇の神）

◉十二天（東西南北の八方と天地の二方および日・月からなる）

●帝釈《たいしやく》天＜東＞
●水《すい》　天＜西＞
●焔摩《えんま》天＜南＞
●多聞《たもん》天＜北＞
●火《か》　天＜東南＞
●羅刹《らせつ》天＜西南＞
●風《ふう》　天＜西北＞
●大自在《だいじざい》天＜東北＞
●梵《ぼん》　天＜天＞
●地《ち》　天＜地＞
●日《につ》　天＜日＞
●月《がつ》　天＜月＞

◉十二神将（武装して十二支の方位をおのおの守護する大将たち）

●毘羯羅《びから》大将＜子＞
●招杜羅《しようとら》大将＜丑＞
●真達羅《しんたら》大将＜寅＞
●摩虎羅《まこら》大将＜卯＞
●波夷羅《はいら》大将＜辰＞
●因達羅《いんだら》大将＜巳＞
●珊底羅《さんちら》大将＜午＞
●額儞羅《あにら》大将＜未＞
●安底羅《あちら》大将＜申＞
●迷企羅《めきら》大将＜酉＞
●代折羅《ばしやら》大将＜戌＞
●宮毘羅《くびら》大将＜亥＞

次項では、如来、菩薩、天部という仏像の序列からはずれた位置にある明王についてみていこう。

密教がつくった明王

●憤怒の姿をとる仏像

明王像は、あえて怒りや恐ろしさを表現して信仰に訴えるためにつくられた仏像である。それは、密教という特殊な信仰が生み出したものだ。

密教では、如来や菩薩たちを超えた存在としての大日如来を主尊としている。

この考えから、大日如来の使者として大日如来の真意（真言）を奉持《ほうじ》して悪をこらしめるさまざまな明王が考え出された。

ただし、不動《ふどう》明王だけは特別なもので、大日如来自身が変身して使者の役割をつとめたものとされている。

こうした考えから、明王像は猛々《たけだけ》しい憤怒《ふんぬ》の表情をたたえ、燃えさかる焔《ほのお》を背にしている。

●人間を脅し、励ます

明王は、恐ろしい形相《ぎょうそう》で人びとに迫り、迷いを晴らさせる使者だとされる。密教では、あらゆる人間の本来の姿は清らかな仏身であるとする考えがとられている。しかし、日常生活から生じるさまざまな欲望が悟りにいたるみちをふさいでいる。金銭欲、出世欲、愛欲などがそれにあたる。

菩薩のようなやさしい顔では、そのような欲望にとりつかれた人間をめざめさせることはできない。そのため悪いものにとりつかれた人間を叱《しか》る明王が必要だと密教は教えるのである。

平安時代以後の密教の発展のなかで、多様な明王像がつくられた。その中心となったのがつぎにあげる五大明王である。

「不動明王」「降三世《こうさんぜ》明王」「軍荼利《ぐんだり》明王」「大威徳《だいいとく》明王」「金剛夜叉《こんごうやしゃ》明王」

このほかに、愛欲の煩悩さえも悟りにつながることを示す「愛染《あいぜん》明王」、人びとの災難や苦痛を取り去るとされる孔雀《くじゃく》に乗った「孔雀明王」など、個性ゆたかな明王が多い。

日本では明王は怒らせると怖いが、強い力をもつぶん、御利益も大きいとされた。そのため不動明王をまつる成田不動尊をはじめとする明王を本尊とする寺院も多い。

これまで寺院の核となる仏像について解説したが、次章では仏像以外の仏教の生んだしきたりや文化についてみていこう。

7章

●仏教が生んだ、しきたりや文化の謎──

礼拝、戒律、葬礼、供養…。その約束ごとに込められた意味とは

寺院に欠かせない鐘の音

●時を告げる鐘

寺院には、必ず「鐘楼《しょうろう》」などとよばれる鐘《かね》つき堂がある。それは釣鐘《つりがね》とよばれる青銅製の鐘をついて鳴らすためのものである。

お寺の鐘の音《ね》は、日本人になじみ深い風物である。大晦日《おおみそか》には寺院で人びとの煩悩《ぼんのう》をはらうために一〇八回鐘を打つ除夜の鐘が行なわれる。

時計のない江戸時代には、寺の鐘で人びとに時刻を知らせていた。この鐘は、もともとは僧侶たちに朝夕の起床時間、就寝時間を知らせたり、仏事のための集合の合図をつたえるものであった。しかし、日本で優雅な鐘の音が好まれたことによって、地域の人びとに時刻を知らせる青銅製の鐘が寺院に欠かせないものになっていった。

●祇園精舎の鐘の音

初期の仏教寺院であるインドの祇園精舎《ぎおんしょうじゃ》にも、鐘に相当するものがあった。インドの寺院ではカンチーという鳴らし物で、仏教者の生活に規律を与えていた。

このカンチーは木製で、それをもとに日本の寺院でつかわれる木魚《もくぎょ》がつくられた。そうすると『平家物語』のなかの「祇園精舎の鐘」はポクポクと鳴ったことになる。

仏教が中国につたわったのちに、青銅製の多様なカンチーがつくられるようになった。中国で古くから青銅を叩いて鳴らす楽器があれこれつくられていたために、中国人が好む音で時刻を知らせようとしたのだ。

やがて、中国の寺院で銅鐘《どうしょう》を吊るして鳴らすことが一般的になった。そして、仏教伝来後に日本に銅鐘がつたわり、それが改良されて外部に多くの小突出をつけた和鐘《わしょう》になった。

カンチーと和鐘とは別のもののようにみえるが、両者は仏教を介した兄弟関係の文化だといえる。この和鐘のように、インドで発生した文化が、中国をへて日本へつたわるなかでしだいに形を変えていった例は多い。次項の金毘羅《こんぴら》信仰も、その一例である。

金比羅信仰と竜神

●ガンジス川のワニの神

香川県琴平町《ことひらちょう》にある「金毘羅《こんぴら》さま」の通称で親しまれる金刀比羅宮《ことひらぐう》は、古くから航海安全の神や商売繁盛の神として多くの人の信仰をあつめた。現在、全国に約六〇〇社の金毘羅神社の分社がある。

金毘羅とは、ガンジス川に住むワニをあらわすサンスクリット語「コンピラ」からきたものである。インドでは古くからワニが神格化されて、水の神、水難よけの神としてまつられた。そして、仏教成立後に、そのようなバラモン教の神が仏教の守護神としての天部に加えられたものである。さらに中国で薬師如来への信仰が高まったのちに薬師如来にかかわる十二の方位をまもる十二神将がつくられた。この十二神将のなかの亥《い》の方角（北北西）をまもる神が、宮毘羅《くびら》大将（金毘羅と同じもの）とされた。

金刀比羅宮の位置

中国の金毘羅（宮毘羅）信仰が日本につたわったことによって、金毘羅神社がひろく信仰されるようになっていったのである。

●航海のまもり神に

四国の金刀比羅宮は、もとは琴平の山の神をまつるものであった。古代人は、生活に欠かせない河川の水源が山にあることから、山の神を水の神としてもまつっていた。

金刀比羅宮のもとになった山の神はそれほど有力なものではなかったが、中世にそこの神職が神仏習合の考えから、水をつかさどる山の神はガンジス川の金毘羅という川の神と同一のものだと唱えはじめた。それとともに神の住む山の名も「象頭山《ぞうずさん》」と改めた。

古代インドのマガダ国（20ページの地図参照）では、ガヤーシーサ山でガンジス川のまつりが行なわれていた。このガヤーシーサ山が、中国語の経典で「象頭山」と訳されていた。神職が神社にまつわる山にインドの聖地の名前をつけたことによって、金毘羅神を信仰し航海安全を祈る人びとが琴平にあつまるようになったのである。

次項では、インドの菜食主義と日本仏教との関係をみていこう。

肉食禁止と仏教

●インドにあった不殺生の思想

インドには菜食主義者（ベジタリアン）が多い。筆者は、インド旅行のときにインド人の立食パーティーに招かれたことがある。そのとき、「ベジタリアン」の表示の料理と「ノンベジタリアン」の料理とが、別々のテーブルに並べられていた。

「ベジタリアン」の料理の皿数は、「ノンベジタリアン」のものとまったく変わらなかった。ベジタリアン用のものには、豆類や豆腐が多くつかわれていた。かれらは、そこから植物性たんぱくをとるのだろう。

インドのジャイナ教の信者は、現在でも厳密な不殺生《ふせっしょう》の戒律をまもっている。かれらは肉や魚を食べないだけでなく、野菜についた虫をうっかり食べることをさけるために、明るいところで食べ物をよく観察して口に運ぶ。

このような生き物を殺してはならないとするインド特有の道徳が、仏教にとり入れられたのだ。

●肉食を禁じなかった釈尊

大乗仏教ができたときに、肉食してはならないとする厳しい戒律ができた。それは、僧侶は菜食主義をとり精進料理を食べねばならないとするものだ。

肉や魚を食べる僧侶は、破戒僧とされた。現在でも、韓国や台湾の僧侶は肉食禁止の戒律をよくまもっている。

しかし、釈尊の教えのなかに肉食禁止はない。釈尊は出家者に信者から布施《ふせ》された食べ物は、すべてありがたくいただくように教えた。肉料理があってもことわってはならないというのだ。

ただし釈尊は、出家者をもてなすために、わざわざ殺された生き物を食べてはならない（生き物を殺してはならない）とした。この考えから、上座部仏教をとる東南アジアやスリランカの僧侶は、肉食をそれほど厳しく律していない。

日本には菜食主義の習慣がなかったので、大乗仏教の肉食禁止の戒律が充分に根づかなかった。次項では、仏教の礼拝をつうじてインド文化と日本との関係をみていこう。

インドから伝わった礼拝

●古代インドの三種の礼法

仏像の前で手をあわせて頭を下げるのが、寺院にお参りするときの正式の作法である。手をあわせる動作は合掌《がっしょう》とよばれるが、仏の前で合掌することを礼拝《らいはい》という。これは、人を敬うときのインドの礼法にもとづいてつくられた。

インドには、手をあわせて頭を下げる礼法と、ひざまずく礼法と、体ごと両手両足を地につけて拝む「五体投地礼《ごたいとうちれい》」との三種の礼法がある。最初のものが軽い礼拝で最後のものが最敬礼にあたるわけだが、日本人は、このなかのもっとも軽いものをとり入れた。

チベットで仏教をもとにラマ教という民族宗教がつくられたが、ラマ教では五体投地礼が日常的につかわれる。

●日本の礼法の由来

手をあわせる合掌の作法は、インド人の右手を神聖な手、左手を不浄の手とする発想をふまえてつくられた。インド人は、右手と左手とをきっちり使い分けている。食事のときは、右手だけで食べ物をつかみ、左手を一切使わない。

このような日常をおくるインド人は、神聖な手と不浄な手とをあわせる動作を特別なものと考えた。それは、神聖さと不浄さが一致する瞬間の自分のありのままの姿を出して相手を敬うものとされた。

いっぽう、古代の日本では、手を打って拍手することによって相手に敬意を示す習俗がとられた。これが、神社を参拝するときの作法のもとになった。ついで、飛鳥時代に立ったまま頭を下げる中国流の礼法がとり入れられた。この時期に中国風の「立礼《りつれい》」を行なえという天皇の命令が何度も出されている。

立礼をとる中国では、インドのひざまずく礼法や五体投地礼をとり入れなかった。そのため中国から日本に、立ったままで合掌して頭を下げる中国風の立礼による仏の拝み方がとり入れられて根づいたのである。

次項では、インドと日本の戒律のちがいを記そう。

僧侶が守るべき戒律

●原始仏教の「二百五十戒」

仏教の戒律は、「戒」と「律」とをあわせたものからなる。「戒」とは自分からすすんで決意してある規則をまもることであり、「律」とはそれをまもらねば罰をうける規則である。

釈尊の没後に仏教教団がつくり上げられていくなかで、さまざまな戒律がつぎつぎに定められていった。とくに、教団の形成期には、教団の障害となる行為をする者に対して厳しい罰が下された。

インドの原始仏教の教団には、出家者がまもるべき二五〇もの規則があった。これは、「二百五十戒」とよばれた。このような規則は経典に記され、出家者のおきてとして後世につたえられた。

しかし、仏教がさまざまな流れに分かれていくなかで、その規則は厳密に行なわれなくなっていった。

●罰則のない「五戒」

仏教が中国に広まるころには、複雑な「二百五十戒」はほとんど行なわれなくなった。そして、それに代わって仏教徒はつぎの五戒をまもらなければならないとする学説が一般的になった。

・不殺生《ふせっしょう》—生き物を殺さない。
・不邪淫《ふじゃいん》—よこしまな情事をしない。
・不偸盗《ふちゅうとう》—盗みをしない。
・不妄語《ふもうご》—嘘《うそ》をつかない。
・不飲酒《ふいんしゅ》—酒を飲まない。

ただし、この戒めをまもらなかったことに対する罰則はない。それは、悪いことをすればその報いが自分に返ってくるとする仏教の考えからくるものである。

古代インドの仏教は、厳しい修行によって悟りをひらくためのものであった。そのため、多くの戒律が必要になった。ところが、主に仏教を有益な学問としてとらえた日本人は、戒律を簡素なものに変えてうけ入れたのである。

次項では、サンスクリット語と日本とのかかわりをみていこう。

サンスクリット語と仏教

●梵字《ぼんじ》の呪力

石造りの五輪塔や、仏教の呪符に「梵字《ぼんじ》」とよばれる肉太の文字が書かれていることがある。これは古代インドのサンスクリット語をあらわす悉曇《しったん》文字という文字である。

バラモン教の学者や、原始仏教教団の出家者は、このサンスクリット語を使って学問を行なった。日本で使われている仏教の経典は、サンスクリット語のお経を中国語に訳した漢訳のものである。

日本では、梵字は神秘的なものだと考えられた。そのため、梵字一字で大日如来、梵天、阿弥陀如来などの仏の名前をあらわす「種字《しゆじ》」がつくられた。そして、種字は仏像と同じ呪力をもつものとされた。

●五十音図とサンスクリット語

悉曇《しつたん》文字は、一二種の母音と三五種の子音の四七種類から成り立っていた。それは、アルファベットとは別系統の表音文字である。

古代の日本は、母音と子音とを区別する発想をもたなかった。かれらは、はじめは漢字を用いて言葉を表記したが、漢字にも母音、子音の区別はない。平安時代なかばに漢字を簡略化した音だけをあらわす仮名ができたが、それは母音と子音とを分けて表記したものではなかった。

このような仮名が普及したころ、悉曇文字を学んだ僧侶のなかに、それと仮名とのちがいに興味をもった者がいた。かれらは、母音を共有する仮名や子音を共有する仮名を拾い出していった。

このようにして、母音によるあ段、い段、う段、え段、お段の区別と子音によるか行、さ行などの区別が明らかにされた。その成果によって五十音図がつくられた。

最古の五十音図は、平安時代に僧明覚《みようかく》がつくった『反音作法《はんおんさほう》』ではないかとされる。

次項以後、日本特有の習俗となった仏葬と法要についてかんたんにふれてみよう。

葬礼を重んじる日本人

●仏葬の起こり

前にも記したように、釈尊の教えは個人の悟りを重んじるものであった。しかし、日本の仏教は先祖供養《くよう》や葬礼を重んじるものになっている。

これは、古代の日本人が祖先のまつりをもっとも重んじたことからくるものだ。かれらは、祖先たちが土地のまもり神になって農作物を育ててくれると信じていた。

そのため、仏教はその伝来とともに古来の神道《しんとう》的な祖先崇拝と結びついた。飛鳥時代の仏像には、祖先の供養のためにこの像をつくらせたと記すものが多い。

『日本書紀』は、仏教伝来後まもない時期に活躍した用明《ようめい》天皇が、死にあたって僧侶を病床に招いたと記している。用明天皇の子供にあたる聖徳太子が亡くなったときにも、僧侶が招かれ読経《どきょう》が行なわれた。

そして、奈良時代なかばに聖武《しょうむ》天皇が亡くなったとき、焼香などを含めた本格的な仏葬が行なわれたと記録されている。

●死は極楽への旅路の始まり

原始仏教の僧侶は、自分の両親か仲間の僧侶が死亡したときにかぎって葬礼に関与した。しかし、日本では浄土信仰がさかんになるなかで、僧侶が葬礼をとり行なう習俗が広まった。

これは人間の死は穢《けが》れではなく、極楽への旅路のはじまりだとする見解がとられるようになったことにもとづくものである。その出発にあたって、仏教の教義に通じた僧侶が死者にあれこれ教えることが望ましいとされたのである。

そして、時代が下るとともにしだいに、葬礼は贅沢《ぜいたく》で大がかりなものへと変わっていった。さらに次項に記すような、死者への法要も必要とされるようになったのである。

法要による供養

●浄土系信仰と七七日忌

僧侶をよんでお経を上げて死者を供養することを、法要とか法事とよぶ。仏教では、葬儀が終わったあとのまだ不安定な状態にある死者の霊魂を安定させるために、法要が必要であると説いている。この法要は、インドの仏教にはなかったものである。それは古代の日本で行なわれた、死者をしのんで一定の期間、身を清めてすごす殯《もがり》の習俗が仏教と結びついたものとされる。

浄土系の教えは、死者は死後に、七日ごとに七回にわたる裁きをうけるとする。この考えから七七日《なななぬか》四十九日《しじゅうくにち》の法要が行なわれるようになり、浄土教系以外の宗派もそれにならって七七日四十九日の法事をひらくことになった。

年忌法要を行なう年月日

1周忌	死亡後まる1年目の祥月命日
3回忌	死亡後まる2年目の祥月命日
7回忌	死亡後まる6年目の祥月命日
13回忌	死亡後まる12年目の祥月命日
17回忌	死亡後まる16年目の祥月命日
23回忌	死亡後まる22年目の祥月命日
27回忌	死亡後まる26年目の祥月命日
33回忌	死亡後まる32年目の祥月命日
50回忌	死亡後まる49年目の祥月命日

●祖先崇拝と結びついた仏事

四十九日目の七七日忌がすぎると、忌明《いみあけ》になる。このとき葬儀のとき以来閉じていた仏壇の扉をひらき、平素のようなまつりを再開するのである。

このあと、一〇〇日目の百か《ひゃっ》日忌《にちき》を行ない、ついで葬式の一年後に一周忌《いっしゅうき》をひらく。ふつう一周忌の法要はひとつの区切りとして親族を招いて盛大に行なわれる。

さらに、三回忌、七回忌などがあり、四九年目の五〇回忌のあとは、一〇〇回忌、一五〇回忌といったかたちで五〇年ごとの法要を行なう。そのほかに春と秋のお彼岸とお盆には墓参りに行く。

日本の仏教徒は、このようなかたちのていねいな祖先供養を行なうのであるが、前項にも記したように、それは日本人が古くからうけついできた祖霊信仰からくるものである。だれもが、何か困ったときには先祖の霊が助けてくれると信じたいので、さまざまな仏事を行なうのである。

次章では、心を鍛える修行として、日本でひろく行なわれてきた坐禅をはじめとする禅について説明していこう。

8章

●禅の思想と驚くべき効力――

坐禅、禅問答、精進料理…。世界が注目する「ZEN」の深さとは

坐禅の起源

●禅の大成者・達磨

禅は釈尊にはじまり、かれの高弟の大迦葉《だいかしょう》（マハーカーシャパ）と阿難《あなん》（アーナンダー）にうけつがれたものである。そして、大迦葉の流れをつぐ禅法の第二八祖となったのが、禅の大成者といわれる達磨《だるま》であった。かれは、六世紀のインドの僧侶で自ら何年もひたすらすわりつづけて手本を示すことによって、弟子たちに理論よりまず坐禅を行なうことをすすめた。

達磨は六〇歳のときに中国に布教におもむいた。当時の中国は南北朝時代で、北部に北魏《ほくぎ》朝が、南部に梁《りょう》朝がたっていた。達磨は梁の武帝に教えを説いたがうけ入れられず、北魏に移って少林寺《しょうりんじ》に本拠をおいて意欲的に布教を行なった。

このときのかれの弟子の慧可《えか》が、中国の禅宗の開祖となった。のちに少林寺から少林寺拳法が広まった。この拳法は、もとは素手で難をさけるための禅の修行であった。達磨は慧可にすべてを伝えたのちに、帰国の途についたが、インドに到着する前に病没した。

●達磨の四つの教え

禅についての達磨の教えは、つぎの四点に要約される。禅僧たちはこれを尊んで「四聖《しせい》句《く》」とよんでいる。

・不立文字《ふりゆうもんじ》―経典などの文字にとらわれるな。
・教外別伝《きようげべつでん》―禅で伝えるべき真理は心から心へと伝授せよ。
・直指人心《ちよくしじんしん》―自分の心をまっすぐにみつめよ。
・見性成仏《けんしようじようぶつ》―自分の中の仏性をみつけることによって成仏せよ。

達磨は、書物から学ぶ教理は不要であるとした。すべての人間に仏の真理にいたるよい心がそなわっているのだから、自分をみつめることによって悟ることができる。ゆえにかれは、このような徳性をもつ人間は、超人的な力をもつ如来や菩薩にすがる必要はないと考えた。

このような教えは、心と心とが通じあう子弟の間で伝えよと達磨はいう。教えが文章になってしまうと、読み手が自分の都合に合わせてそれをいかようにも解釈できるようになる。自分の本意が誤解されてつたわることは望ましくないので、教えはていねいに口伝《くでん》せよとかれはいうのだ。

このような教えをうけて、中国に禅が広まった。そして、前に記したように、栄西や道元がそれを日本につたえた。次項では、自力で悟りにいたるものとされる坐禅の作法について記そう。

坐禅の作法

●坐禅のすわり方

禅宗は、

「まず坐《すわ》れ。それがすべてをつかむ道の始まりである」

と説いている。それゆえ、最初に坐禅のすわり方を記そう。

坐禅をするときには、作務衣《さむえ》やスウェットのようなゆったりした衣服をつける。靴下は脱いでおく。そして、静かな部屋に坐蒲《ざふ》か二つ折りにした座布団を敷いて、その上にすわる。近くに線香をおいて、坐禅をする時間をはかるとよい。

線香一本が燃えるのに四〇分から五〇分かかるが、初心者は三分の一本の線香を用いて一五分程度の坐禅をすることからはじめるとよいとされる。

坐禅のすわり方と手の組み方

❷右の手のひらの上に左の手のひらを重ね、両手の親指どうしを軽くあわせて、へその下あたりにおく
❶足の裏を上向きにして右足を左足のもも上に乗せ、次に同様にして左足を右足の上に乗せる

坐禅のすわり方は、結跏趺坐《けっかふざ》とよばれる。これは、つぎの手順で足を組んですわるものである。まず、足の裏を上向きにして右足を左足のももの上に乗せる。つぎに左足をいったん右足の前にもってきたあと、両手で左足を持ち上げて足の裏を上にして右足の上に乗せるのである。

●手の組み方

結跏趺坐ですわると、自分の手でほどかないかぎり足をくずせなくなる。このあと、手を一定の形に組み、体全体を動かさないようにして落ち着いた気持ちにしていくのである。坐禅の手の組み方を、法界定印《ほっかいじょういん》という。

それは、右の手のひらの上に左の手のひらを重ね、両手の親指どうしを軽くあわせて卵形の輪をつくるものである。このように組んだ手を、へその下あたりにおく。
そのあと姿勢をととのえ、定められた呼吸法に入るが、その詳細は次項で記そう。

姿勢と呼吸法

●安定した姿勢のつくり方

坐禅のときには、足と手の組み方が定まったあと姿勢を決める。安定した姿勢をとらないと長時間すわれないからである。

姿勢を決めるときは、体を前後左右に振り子のように振ってみる。そして、しだいに揺れを小さくして、もっともくつろげる位置で静かに止める。

このようにしてすわり方が定まったら、つぎに記すような坐禅をするときの形をつくっていく。

・頭頂で天井を突き刺すような意識をとって、頭をまっすぐにする。
・目は自然にひらいて、前方一メートルぐらいのところに視線をやる。
・口は真一文字に軽くとじる。

・両肩を緊張させず自然にする。
・下腹を少し前に出す。
・背筋をのばし、尻をつき出す。

こういった形ができたら、禅の呼吸をして心をしずめて、禅の世界に入っていくのである。

●呼吸法のポイント

禅の呼吸法は、腹式《ふくしき》呼吸で行なう。肩を上下させないで、お腹をふくらませて息を吸いこみ、お腹を引っこませて息を吐き出す。下腹に軽く手をあてて大きく息をしていると、腹式呼吸のやり方がわかってくる。

坐禅のときは、この腹式呼吸で肺のなかの空気を全部入れかえるぐらいの気持ちで大きく息をする。

まず、長い時間をかけて静かに口から息を吐き出す。このようにして息を吐ききると、鼻から自然に空気が入ってくる。吐く息は長く、吸う息は短くというのが坐禅の呼吸法だが、現実にはこれは難しい。息を吐いている途中に苦しくなって、大きく息を吸いこんでしまうのだ。

しかし、次項に記すように、きっちりした腹式呼吸法を身につけることができれば、人生の大切なことがわかるようになると、禅宗は教えている。

坐禅の効力

●自分の心が見えてくる

禅宗は、坐禅によって息と形をととのえてすわると、自分の心の姿がみえてくると説いている。

初心者は、すわったときに雑多な想念を断片的に思い浮かべてしまう。そしてそのなかのどれかに思いを向けて考えごとをしてしまう。しかし、師僧の指導に従って坐禅をくり返すうちに、そのような雑念をはなれることができるとされる。

このようにして静かに自分の心と向きあうことができるようになった状態を、「休息万事《きゅうそくばんじ》」という。それは、一切の執着を捨てたありさまをさす。

そのときには、すでに悟ろうとか仏の教えを身につけようといった気持ちもなくなっている。この境地にいたった者は、煩悩をはなれて、人はみな、悟りも道も、きれいな心も汚い心もない裸で生まれてきたことに気づく。そして、何かをなくすことを恐れずに強い心で生きていけるようになると禅宗は教えている。

●心の垢《あか》をそぎ落とす

禅宗は、人間は「本来無一物《ほんらいむいちぶつ》」だとする考えをとっている。ところが、「本来無一物」であった者が、地位、財産などを得ると、それを失うことを恐れて物事に執着するようになる。

このような執着心を捨ててしまえと、禅宗は説く。

道元は『正法眼蔵《しょうぼうげんぞう》』という著作のなかで、

「参禅《さんぜん》は身心脱落《しんじんだつらく》なり」

と記している。肉体と精神の一切のとらわれから逃れることが禅の目的だというのである。それゆえかれは、坐禅を行なうことが仏となることだと主張した。

執着という心の垢を落とすことによって、人間は欲をはなれて自分の取り組むべき課題に正面から向かいあえる。このような心の強さを生み出すのが禅である。

次項では、そのような禅の世界の入門のために書かれた一〇枚の牛の絵からなる十牛図《じゅうぎゅうず》について記そう。

十牛図の世界

●一〇枚の牛の絵が示すもの

禅の求めている境地や禅の修行の段階を、人びとにわかりやすくつたえるために書かれた十牛図という一〇枚の絵がある。それは、つぎのようなものである。

①尋牛《じんぎゅう》―牛を訪ねて歩く図。
②見跡《けんせき》―牛の足跡をみつける図。
③見牛《けんぎゅう》―ようやく牛の頭をちらりとみたところの図。
④得牛《とくぎゅう》―牛をつかまえた図。
⑤牧牛《ぼくぎゅう》―牛を手なずける図。
⑥騎牛帰家《きぎゅうきけ》―牛に乗って笛を吹きながら家に帰る図。
⑦忘牛存人《ぼうぎゅうぞんじん》―牛を忘れて人だけが残る図。
⑧人牛倶忘《じんぎゅうぐぼう》―人も牛も忘れられた何もない図。
⑨返本還源《へんぽんかんげん》―すべて自然のままに戻り木や石だけが残っている図。

⑩入鄽垂手《にってんすいしゅ》――牛を探しに行った者が町に出かけた人びとに手をさしのべる図。

この絵はひとりの人間が牛を探して家につれ帰ったが、そのあと牛も人もいなくなることによって悟りがひらかれるありさまを記したものである。

●ありのままを受け入れる心

十牛図は、牛を手に入れることで幸福を得ようとした人間を描いたものだ。この牛は、出世、金儲けといった欲望を象徴する。

牛を家につれて帰り満足した人間は、牛に対するこだわりを忘れた。そうすると幸福になりたいという自分への執着もなくした。そのときかれは、あるがままの自然、あるがままの世界をそのままうけ入れることが素晴らしいと悟った。そこで、苦労して牛をみつけた者は、自分が悟ったことを人びとに教えるために町に向かうのである。

アメリカで偉人とされたカーネギーのように、政界や実業界で成功して思いを満たした者が、晩年に無欲になり慈善事業にいそしむ例がかなりある。しかし、牛をみつけた者に象徴される成功者になるより、はじめから欲をもたないほうがよいと十牛図は語りかけている。

このように、欲を捨ててありのままのものをうけ入れることが禅の心の第一歩だと禅宗は説くのである。

次項では、人びとにそのような禅の教えを理解させるためにつくられた禅問答を紹介しよう。

禅問答が教えるもの

●禅寺の修行「公案」とは

禅宗寺院では、師匠が弟子たちに「公案《こうあん》」という問題を出してそれを解かせる修行が行なわれる。この公案とは、手本とすべき先輩の禅僧たちの行ないや言葉を記録したものである。師匠は弟子に公案を与え、

「この高僧は、そのときなぜこういった行動をとったか」

「この高僧の言葉の裏にどのような意味があるか」

という問いかけをする。これに対し修行僧は公案の文面をもとに、あれこれ考えて、自説を師匠に言葉で説明する。

これが公案を解くことになるが、師匠がその答えに満足することは少ない。弟子を鍛え

るために、その答えに対する疑問をあれこれ出してくるのだ。ここで師匠と議論して言い負かすことができなければ、公案を解いたことにはならない。

このときの、知恵をしぼり、機知をまじえた論争が禅問答である。そのような禅問答はどれも、とらわれない心をもつように教える問答の形をとっている。

●公案が暗示する達磨の教え

中国の北宋代の高僧重顕《じゅうけん》の公案をあつめた『碧巌録《へきがんろく》』という書物がある。これは日本の臨済宗の禅寺でひろく読まれた、禅の心をわかりやすく記した名著である。そのなかにつぎの公案がある。

「ある僧侶が、香林《こうりん》和尚という高僧にこうたずねた。

『インドからはるばる遠い中国までやってきた達磨は、どのような教えを説かれたのですか』

すると、香林はこう答えた。

『長らくすわっていたから疲れた』」

これは、自分で悟ろうとせず、先人の教えを聞いてそれをそのままうけ売りしようとする者への戒めの言葉である。

「安易に人まねの悟りを得ようとせず、自ら考えて悟りをひらくまで坐禅にいそしめ」というのだ。このことを、機知をまじえた言い方で、

「達磨は長年の坐禅の修行でさぞ疲れたろう」

といった。達磨と同じように疲れるまで坐禅をすれば、だれでも悟りにいたるというのである。次項から、禅が育てた食文化について記そう。

禅が育んだ日本の食文化

●食事も修行のひとつ

日本料理は、見た目が美しく、栄養の面でも行き届いた体によいものになっている。そのため現代では、健康食としての日本食を評価する欧米人もかなりいる。

日本の食文化を高めるきっかけになったのが、禅の考えの広まりである。禅宗は、料理や食事を修行のひとつとする考えをとっている。それを食べる人の気持ちを考えて心をこめて調理するのが修養であり、作法に従って上品に食事をすることも禅の心にふれることだというのである。

五観の偈

●一つには、功《こう》の多少《たしよう》を計《はか》り、彼《か》の来処《らいしよ》を量《はか》る
（この食事をつくるために働いてくれた多くの人に感謝する）

●二つには、己《おの》が徳行《とくこう》の全欠《ぜんけつ》を忖《はか》って、供《きよう》に応《おう》す
（自分の行ないがありがたい食事を受けるにふさわしいかを考える）

●三つには、心《こころ》を防《ふせ》ぎ過貪等《とがとんとう》を離《はな》るるを宗《しゆう》とす
（心を汚さず罪を犯さぬようにつとめる）

●四つには、正《まさ》に良薬《りようやく》を事《こと》とするは、形枯《ぎようこ》を療《りよう》ぜんが為《ため》なり
（食べ物を良薬と考え、体を維持するのに必要なだけの食事をする）

●五つには、道業《どうぎよう》の成《じよう》ぜんが為《ため》に応《まさ》に此《こ》の食《じき》を受《う》くべし
（この食事を仏道を全うするためにいただく）

禅僧たちは、食事をいただく前に「五観の偈《ごかんのげ》」という言葉を唱える。

これは唐の南山道宣《なんざんどうせん》の著作にみえるもので、そこには食事と禅の修行とが切り離せない関係にあることが記されている。なかでも感謝して食事をいただくことの大切さが強調されている。

●精進料理の心とは

豪華な食材を得られなくても、心をこめた料理を出すことによって温かいもてなしをすることができる。そこで、肉や魚を食べられない僧侶たちは、精進物を食材にしてその旨味を最大限にひき出した精進料理を発展させていった。

道元は、つぎの三つの心をもって料理にあたるように教えている。

・喜心《きしん》―喜びをもって料理をつくる。
・老心《ろうしん》―母親のような細かい気くばりによって料理をつくる。
・大心《だいしん》―かたよらない冷静な判断をもって料理をつくる。

この考えから、禅寺で限られた食材を無駄なく上手に生かし、少量ではあるがいろいろ目先をかえて食べる者を楽しませる料理法が工夫された。そして、その手法を学んだ料理人たちが、今日の懐石料理につながる日本風のもてなしをつくり上げていった。

禅文化が日本人の食事のありかたを大いに変えたのである。次項では、禅寺の食事と深くかかわる禅寺の茶礼《されい》について説明しよう。

禅寺と茶礼

●茶の日本伝来と広まり

茶は中国で古くから薬湯《やくとう》として用いられてきたが、それを日本に広めたのが臨済宗の開祖である栄西である。かれは、鎌倉幕府の三代将軍源実朝《さねとも》に茶を献じ、茶の効用について記した『喫茶養生記《きっさようじょうき》』を著《あらわ》した。

このことをきっかけに中世の公家や上流の武家の間に、急速に茶が広まっていった。そして禅寺では大勢で茶を味わうことが生活の一部になっていった。このようにして、参禅者一同に茶をふるまう今日のような茶礼がつくられたのである。

●茶礼の作法とは

臨済宗の禅堂では、一日に五、六回の茶礼が行なわれる。このなかの朝夕の茶礼は、点呼の役割ももつものである。

茶礼では心をこめてお茶を準備してくれた人に感謝して、威儀を正して茶をうけねばならないとされる。そのため、つぎのような茶礼の作法がつくられた。

①禅堂の上位の人から順にお茶をついでもらい、ついでもらった人から飲む。
②音を立てずに茶を飲み、茶碗を、音を立てぬように下に置く。
③おかわりが欲しいときは合掌し、いらないときは低頭の礼をする。

このようなかたちで、心静かにひとりずつ茶を飲んでいくのである。禅寺では、みんながひとつの薬缶《やかん》の茶を飲むことによって、心をひとつにして禅の修行に励めるようになるとされる。

室町時代末から禅寺の茶礼にならって、茶の湯の作法がととのえられた。そして、せまい茶室にあつまって上品に茶をたしなむ茶の湯の席が、上流の人びとの社交の場になっていった。茶の湯から発展した茶道は、日本の心を知るたしなみとされるが、茶道にも質素を重んじる禅の心がとり入れられている。

これまで記してきたような禅宗は、各自が修行によってこだわりを捨てた空《くう》の境地にいたることをすすめるものである。しかし、「物事にとらわれない」ことの大切さを頭で理解できても、実際に何事にもとらわれない生き方をするのは難しい。究極の自力救済の教えが禅だといえる。

次章でとり上げる密教は、これと正反対の方向をとった宗派である。それは、呪術を用いる密教僧に現世の願いを叶えてもらうものである。

9章

●神秘のベールに包まれた密教の世界——

呪術、大日如来、曼荼羅《まんだら》…。その特異な世界観の謎とは

密教の誕生

●密教の神秘主義とは

密教は、平安時代はじめに空海によって日本につたえられた仏教の一派である。日本では真言宗と天台宗がこの密教の考えをとっている。密教は、つぎのような神秘主義にたつ。

「仏もしくは宇宙という超越的な存在と直接交流して一体となり、そのことから得られるさまざまな超人的な力を使おう」

このような神秘主義は、つぎのような考えから導き出された。

「人間はひとつの小宇宙である。それはすべてのものを含む大宇宙に包みこまれるものだが、自分という小宇宙のなかに大宇宙そのものが含まれている」

この発想によって、密教僧はさまざまな修法《しゅほう》によって大宇宙と一体化してそれを動かし、雨を降らせたり他人の運命を変えたりできるとされた。

●バラモン教から受けつがれた呪術

バラモン教では古代のほかの宗教と同じく、多様な呪術が行なわれていた。しかし、釈尊は、弟子たちに安易に呪術を使うことを禁じた。

かれが自ら修行して悟りにいたることを仏教の信者の目標としたからである。しかし、仏教教団が発展していくと、仏教徒となった庶民が仏教教団の指導者にバラモン僧のような呪術を求めるようになった。そのため、仏教教団でも、病気治しや長寿、雨乞《あまご》い、鬼神の災いよけといった呪術が行なわれるようになった。それは、主にバラモン教の呪術からうけついだものからなっていた。そのため呪術の流行とともにバラモン教の医学、薬学、天文学なども仏教教団にとり入れられ発展していった。

長年にわたるこのような営みによって、紀元四、五世紀に原始的な科学の要素も含んだ精密なインド初期密教が完成した。次項で述べるように、これが中国と日本に大きな影響を与えるのである。

密教の発展

●インドの密教僧が生んだ「雑蜜経典」

インド初期密教がつくられた四、五世紀のインドでは、バラモン教から発展したヒンドゥー教が急速に広まっていった。そのため民衆の多くがヒンドゥー教の信者になっていくなかで、インドの密教僧は閉鎖的な呪術集団となり、有力者の後援によって密教を深めていくみちをとった。

このような密教研究により、七、八世紀に『大日経《だいにちきょう》』『金剛頂経《こんごうちょうきょう》』に代表される多様な雑密《ざつみつ》経典が成立した。それらの多くは呪術的性格のつよいものであるが、雑密経典のなかには原始的な科学知識や呪術を記すものもある。

雑密経典成立後のインドの密教は「純粋密教」や「純密《じゅんみつ》」とよばれる。純密は、同時代のヒンドゥー教の呪術より高度な独自の体系をもつものになっていた。

●平安貴族に流行する

八世紀はじめに、インドで密教を学びそれを中国につたえた金剛智三蔵《こんごうちさんぞう》という高僧がいた。かれがもたらした『金剛頂経』は、きわめて難解であった。しかしそれは、

「これに書かれた修法《しゅほう》を身につけた者は、思いのままに自然を操り、人間の運命をも動かせる」

とする魅力的な記述を含むものであった。そこで、中国の向学心のつよい僧侶が競って密教経典を入手し、この新たな流派の知識を学ぼうとした。このような中国の密教の盛行

のなかで、空海が唐に留学して密教を身につけた。

密教の呪術は、平安時代の貴族の間に大流行した。かれらが密教僧に、さまざまな願いを叶えるための修法を依頼したため、密教の中心地となった比叡山や高野山が大いに栄えた。

密教経典のなかには、ある人間に死の危機がふりかかる日を予言する方法を記した『宿《すく》曜経《ようきょう》』のようなものまであった。貴族は密教僧に身に危険のおよぶ日をたずね、その日は門にかぎをかけて外出せず、だれとも会わずにすごそうとした。

すると、かれの政敵がそのような日取りをつかみ、断れない理由を設けて相手を宮廷に呼び出そうとする。平安時代の貴族社会ではこのような駆け引きが日常的に行なわれた。

次項から、密教の中身について説明していこう。

最高位の仏・大日如来

●「仏教の真理そのもの」を表す

密教は、宇宙の真理である大宇宙をあらわす大日如来を最高位の仏としてまつるものである。そして、大日如来と一体化してその力を思いのままに操ることを、究極の目的とする。

この大日如来は、「仏教の真理そのものをあらわす」法身《ほっしん》であると説かれている。そのようなとてつもなく大きなものの教えをうけて自らが大日如来の境地にいたろうとするのが密教である。

変身する大日如来

●大日如来の〝いくつもの姿〟とは

密教は、大日如来はさまざまな姿をとって人びとを導くと説いている。これは、如来自身の楽しみとして法を説くものであり、人びとはその気になればいつでもそれを聞くことができるとされる。

このような大日如来は、さまざまの姿をとって多くの者に教えをつたえようとする。

如来には三種の変化がある。法身《ほっしん》、応身《おうじん》、報身《ほうじん》の三つがそれにあたる。如来の本来の姿が法身、如来が人間の姿に変化して教えを説くありかたが応身、ほかの仏（すでに悟って仏となったもの）の姿のかたちをかりて教えを説くのが報身である。

また、大日如来の本体である法身にも、「四種法身」とよばれるつぎのような変化がある。大日如来そのものの姿が自性身《じしょうしん》、仏のかたちで悟りの境地を楽しんでいる姿が受用法身《じゅようほっしん》である。そして、釈尊のような人間界にきた仏の姿が変化《へんげ》法身、自然現象や動物などになって真理を教える姿が等流《とうる》法身である。

密教僧は、動物の親子の姿をみて心がなごんだり、美しい景色をみて感動するのも大日如来のはたらきによるものだという。

しかし、仏の教えに関心をもたぬ縁のない人間は、大日如来の教えを聞いても何も感じない。そのため、大日如来にふれるためにはさまざまな修行が必要だとされるのだ。次項では、密教の修法に欠かせない印契《いんげい》と真言《しんごん》についてみていこう。

密教の修法、印契と真言

●「身口意」の三蜜行とは

空海が起こした真言宗では、「三密加持《さんみつかじ》」という修行が行なわれている。それは、つぎのような「身口意《しんくい》」の三密行《さんみつぎょう》を通して、衆生《しゅじょう》（人間）が仏と一体になるものだ。

「手に印契《いんげい》を結び、口に真言《しんごん》を唱え、心に仏を観じる」

印契とは、密教で定めるさまざまな手指の構え、組み方をいう。

密教の基本的な印契として、「十八道印契《じゅうはちどういんげい》」という一八通りのものがある。これは、つぎの六種類からなる。

行者の身を清めて魔をはらう護身法《ごしんほう》の印、結界《けっかい》（特別の空間）をつくる結界法の印、仏をむかえる道場をつくる荘厳道場法《しょうごんどうじょうほう》の印、仏をむかえる勧請法《かんじょうほう》の印、道場の結界を強化する結護法《けつごほう》の印、仏を供養する供養法の印、である。

密教僧は、最初にこの印契を教わり、体で覚えるまでくり返し印を結ぶ。

●真言という名の秘密語

真言の声や字は、法身である大日如来の秘密語であるとされる。ゆえに、それは師匠から弟子へと口伝えでうけつがれていくかたちをとった。

真言は、大日如来の心の奥底をあらわすとされる。インドの密教の発展のなかで、サンスクリット語の真言がいくつもつくられた。そして、中国人はそれを意訳せずにすべて音写してつたえた。

このサンスクリット音の真言が、そのまま日本にもちこまれた。そして意味のわからない真言は、たいそうありがたいものとされた。空海は、真言は「一字に千理を含む」ものだといっている。ゆえに、密教僧は真言を覚え、それを唱えることによって、煩悩が晴れて仏心が出現すると信じて修行にいそしむ。

真言には難解なものが多いが、そのなかの成田山で使われる「南無大智大証不動明王《なむだいちだいしょうふどうみょうおう》」という名の真言を紹介しておこう。困ったときにこの真言を唱えると、不動明王の助けが得られるといわれる。成田山の僧侶は仏事でこれをくり返し唱える。

次項では、ここに記したような三密行によって行なわれた、密教の瞑想法《めいそう》について説明しよう。

密教の瞑想法

●「三昧《さんまい》」の境地をめざす

密教は、印を結び真言を唱え、仏を思うことによって、「心が三昧《さんまい》にいたる」とする。この三昧は、贅沢三昧《ぜいたくざんまい》といった言葉の「三昧」と同じで、ひとつのことに夢中になるありさまをさす言葉である。

密教では、雑念を捨て、意識を一点に集中していって大日如来と一体化するありさまを「密教三昧」とする。印を結んで真言を唱えても、口だけの唱えごとになって心が雑念で埋まってしまうことも多い。そこで、密教僧は修行のときはつねに大日如来のことだけを考えよと教えた。

●自ら仏に近づく

密教の瞑想は、「仏の教えは待っているだけでは得られない」ことを知るためのものであるともいわれる。仏が何かしてくれるのをじっと待っているだけでは救われない。人間が自らつよく願い、自分の力で仏に近づこうとすることによって大日如来と一体化できるというのだ。

ゆえに、密教の高僧で瞑想のなかで仏が自分の中に入ってくるのを観じたことがあると記している者もいる。そして、自分が仏と一体化したと信じたことをきっかけに、密教僧は自分の能力を他人のために使うようになる。

このような考えから、密教僧のさまざまな呪術が行なわれたのである。

瞑想は、修行僧の正面に曼荼羅《まんだら》という絵を掛けて行なう。次項では、この曼荼羅が描く世界について説明しよう。

曼荼羅の世界

●「宇宙の真理」が描かれる

日本の各地の寺院に、一枚の絵に多くの極彩色で描いた曼荼羅がつくられている。これは、平安時代はじめの密教の広まりとともにつくられるようになったものである。

密教は、人間の理性だけでは広大な宇宙の真理を理解できないとする。そのため、目という感覚器官を通じて宇宙を観じるための曼荼羅をつくるようになった。曼荼羅には、密教の説く仏教的世界の全体像が描かれている。

空海がこの曼荼羅によって密教の大生命の世界を知ることができると唱えたために、曼荼羅は密教寺院に欠かせないものになっていった。

●「胎蔵界曼荼羅」の世界とは

真言宗の寺院の本堂の両側には、胎蔵界《たいぞうかい》と金剛界《こんごうかい》の曼荼羅が一対《いっつい》のものとして掛けられている。

前者は、大日如来の理《り》（真実）を、後者はその理にいたるための智《ち》（知恵と実践）を記したものである。

このなかの胎蔵界曼荼羅について、かんたんに説明しよう。それは、『大日経』の世界を絵にしたものである。

この絵に接すると、母親の胎内に眠る胎児のような、人間が本来もっている仏性《ぶっしょう》の種子の成長が起こるとされる。仏性の種子は、仏の慈悲によってめざめ、育ち、やがて花ひらいていく。そして最後に悟りという実を結ぶのである。

胎蔵界曼荼羅の作者は、多くの仏を一枚の絵にまとめることによってその教えをつたえた。

この曼荼羅の中心に大日如来がおり、そのまわりに四体の仏、四体の菩薩が配置された八枚の蓮の台《うてな》がある。これは、人間の内なる仏性が悟りとして実を結ぶことを、泥のなかから生えた蓮が美しい花を咲かせるありさまであらわしている。

そして、この八枚の蓮の葉のまわりに、合計四〇九体の仏、菩薩、明王がおかれ、さらに曼荼羅の外辺には外敵から仏をまもるバラモン教の神々などがいる。

密教僧は、悟りにいたることを示す曼荼羅のそのような絵を眺《なが》め、修行を行なった。かれらは自分が仏の導きによって密教と出合ったことを感謝しつつ、瞑想にいそしんだのだ

胎蔵界曼荼羅の略図

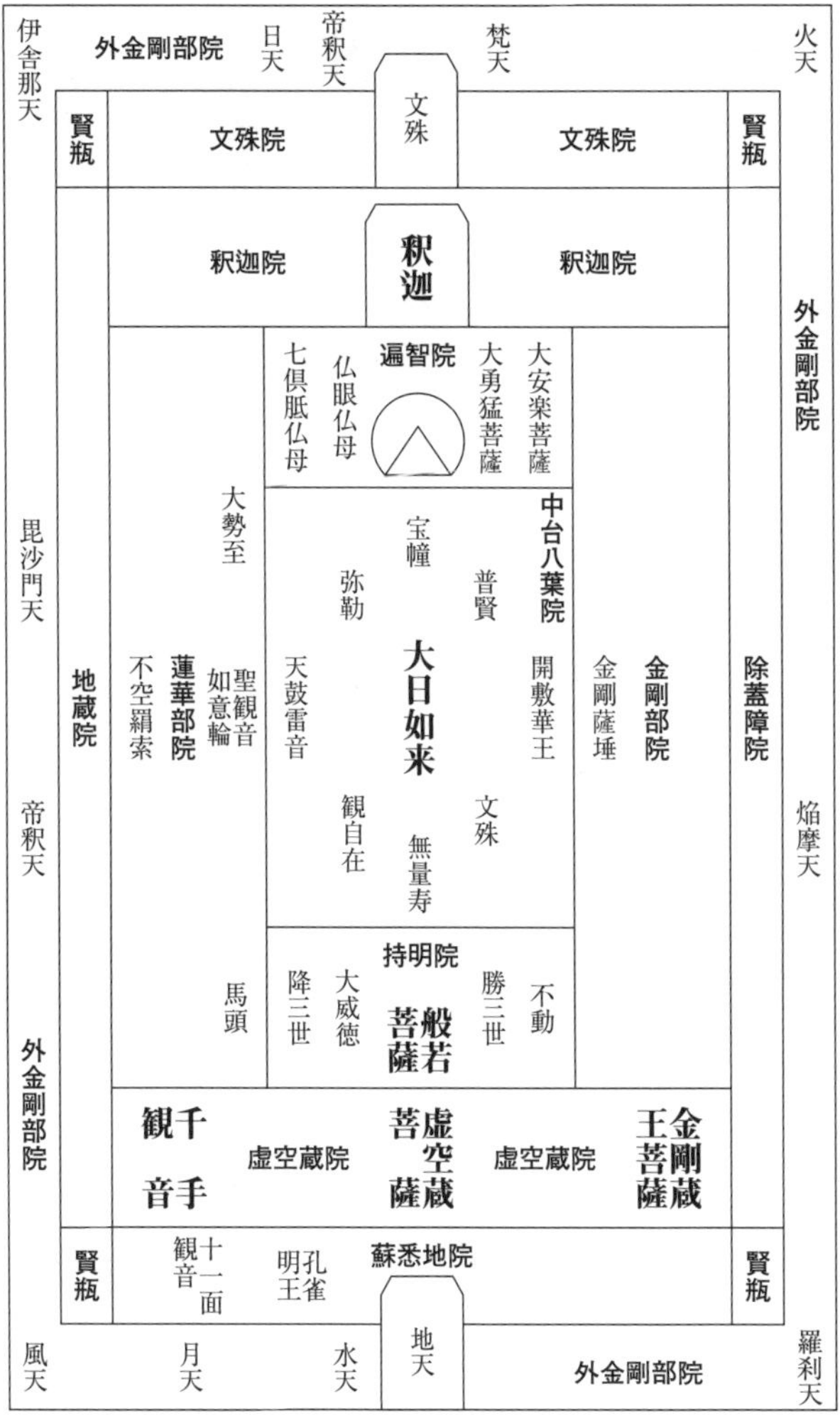

※秋月親良「密教歴史・教義編」(『密教の本』学習研究社刊)を参考に作成

ろう。

密教を身につけた僧侶は、さまざまな呪術を行なった。次項では密教呪術についてみていこう。

密教呪術の世界

●「降伏《ごうぶく》」で敵を討つ

密教を身につけた僧侶は、つぎの四つの秘密修法《しゅほう》を操れるとされた。「息災《そくさい》」「増益《ぞうやく》」「敬愛《きょうあい》」「降伏《ごうぶく》」

このなかの息災、増益、敬愛は自他を益《えき》する法であるが、降伏は敵を打ち倒すものである。それは、密教の仏の力をかりて憎い相手を狙う呪詛《じゅそ》、呪殺《じゅさつ》である。

悪人に対してもっとも効果があるといわれた大威徳明王法《だいいとくみょうおうほう》は、つぎのようなものである。

①憤怒《ふんぬ》の形相《ぎょうそう》をした大威徳明王の本尊の前に三角の壇を設ける。

②真言を唱えたのちに、呪う相手の人形をつくる。

③その人形の両肩、両脛《すね》、心臓の五か所に、特別の祈禱《きとう》を行なった杙《くい》を打ちこむ。
この法をかけられた者は、あるいは血を吐き、あるいは痛み衰えて亡くなるといわれる。

このほかに、降三世《ごうさんぜ》明王、不動明王、毘沙門天《びしゃもんてん》などのさまざまな仏を本尊とする呪術がつたえられている。

●秘薬と呪術

平安時代の貴族は、密教僧に依頼して政敵を倒すための呪術をさかんに行なった。そして中世以後、密教呪術の一部が「拝み屋」などとよばれる民間の宗教家にうけつがれて広まった。近年まで密教呪術の効用を信じる者がいたことは、まちがいない。

「呪い」は、呪われた相手に何らかの暗示を与えるものではないかといわれる。また、密教僧が厳しい修行によって、近代科学で解明できない超能力を身につけたとする見方をとる人もいる。そのほかに、密教僧が秘薬を呪殺に用いたとする説もある。

インドや中国の密教経典には、多くの秘薬の製法が記されている。そして、空海が水銀を材料にした秘薬を製造したことをうかがわせる文献もある。

しかし、密教呪術の実体は現代の科学でも明らかにし得ない。次項では、平安時代の密教僧の活躍をみていこう。

密教呪術に頼った平安貴族

平安時代のなかばから末にかけて、密教呪術が貴族層の保護のもとに盛行した。その原因のひとつは、謀略が日常化した当時の朝廷で生活する貴族たちがさまざまな物《もの》の怪《け》に脅えたことに求められる。かれらは政争の敗者の霊が怨《うら》みをもった怨霊《おんりよう》となり、得体の知れない物の怪たちをひきいてさまざまな祟《たた》りを起こすと信じていた。そして、密教僧の呪術が物の怪をしずめる力をもつと考えた。

●物《もの》の怪《け》への恐れ

菅原道真の怨霊によって、雷雨などの天災が起こったといわれたときに、浄蔵《じようぞう》らの高名な密教僧が、道真の怨みをかった藤原時平《ときひら》に頼まれてさまざまな祈禱をしている。このことがあったのちに、皇族、藤原氏の嫡流《ちやくりゆう》といった権力者たちは、病気や出産などの心配ごとがあるたびに、密教僧をあつめて怨霊しずめを行なうようになった。

●政争の具としての密教

密教呪術を用いて政敵に痛手を与えようと考える者もあらわれた。藤原時平の娘の穏子《おんし》は醍醐《だいご》天皇の后になっていたが、延喜三年（九〇三）にこの穏子が難産に苦しんだすえに皇子を出産した。

このとき、時平の弟の忠平《ただひら》がこの出産を妨害するためにひとりの老女に穏子を呪わせたと記録されている。老女は、時平邸の床下に隠れて折れた弓を用いて、実家に帰っていた后を呪った。しかし、時平の求めで安産の修法を行なっていた天台宗の僧相応《そうおう》のはたらきによって、老女の呪いは届かなかったという。

娘が皇子を出産し、その皇子が天皇になることによって権力を握る。このような不安定な要因によって政権交代がなされた当時の貴族社会では、密教呪術によってさまざまな望みを叶えようという風潮がつよかった。

皇族や貴族は、修法を頼むために比叡山などの大寺院に競うようにして荘園とよばれる領地を寄進した。こうしたいきさつで、大寺院が広大な土地を支配し、そこからあつめた僧兵で武装して国政に口出しするようになっていったのである。

釈尊がひらいた時点の仏教は、きわめて合理的なものであった。しかし、それがさまざまに枝分かれしていき、そのなかから密教呪術のような神秘主義をとるものも出てきたのである。

おわりに——

紀元前五〇〇〇年前後に、人類の文化の流れのうえで大きな転機があった。いまから約二五〇〇年前にあたるこの時代には、世界の先進地では農業社会が発達して国家が芽生えていた。

そういったなかで、インドに釈尊（紀元前五六三—四八三年）、中国に孔子（紀元前五五一—四七九年）があらわれ、それから少し遅れてギリシャにソクラテス（紀元前四七〇—三九九年）が出た。

釈尊は仏教を、孔子は儒教を、ソクラテスは哲学をひらいた。これらは多くの民族に広まり、現代までうけつがれてきた。

仏教、儒教、哲学にはひとつの共通点がある。それらは、神のような超越者を崇拝するものではなく、自己の心の鍛錬《たんれん》をすすめる人間中心の教えである点である。インドの人びとはバラモン教の神々を、中国人はのちに道教につらなる神々を、ギリシャ人はゼウス、ポセイドンなどの神々をまつっていた。しかし、釈尊らは神について語りはしないが、現世利益を求める人びとの信仰を否定せず、「人間としてよりよく生きる」方向を模索《もさく》した。

本文で説明したように、釈尊がひらいた仏教は、本来はこのような人間中心をとるものであった。それが、時代が下るとともにインド、中国、東南アジアなどのさまざまな信仰と融合して多くの流派をつくっていった。

日本に入った仏教は、当初から日本古来の祖先崇拝と結びつくかたちで根づき、しだいに神道と融合していった。やがて、奈良仏教以来の現世利益を仏に願う宗派や、密教のような呪的な一派、極楽往生を説く浄土系の宗派といった多様なものが生まれた。禅宗のような釈尊の時代の仏教に近いものを求める一派もあった。

しかし、さまざまなかたちに展開し、宗派間の対立がみられたにしても、仏教が日本文化の発展に欠かせないものであったことはまちがいない。南都六宗、密教、禅宗などのひとつの時代の文化の担い手となった宗派が、おのおの時代の中国の新たな文化を日本に持ち込んできた。そして、国内に多くつくられた寺院は、中央の文化を地方の民衆に広める役割をはたしてきた。

インドで生まれた仏教は、日本人に多くの贈り物をした。現在、私たちは科学文明のなかで便利に生活をしているが、そのような時代にも仏教の道徳は必要である。最澄、空海、法然、親鸞、栄西、道元、日蓮、一遍などがおのおの時代に説いた教えは、現代も生きている。仏教は、今後も日本人の生活と切り離せないものとしてつづいていくであろう。

夢新書のマスコットは“知の象徴”と
されるフクロウです(マーク:秋山 孝)

日本人なら
知っておきたい仏教

2006年7月5日　初版発行

著者——武光 誠

発行者——若森繁男

発行所——株式会社河出書房新社

〒151-0051 東京都渋谷区千駄ヶ谷2-32-2

電話(03)3404-1201(営業)

http://www.kawade.co.jp/

企画・編集——株式会社夢の設計社

〒162-0801 東京都新宿区山吹町261

電話(03)3267-7851(編集)

装幀——印南和磨

印刷・製本——中央精版印刷株式会社

Printed in Japan ISBN4-309-50318-7